Deutschbuch

Differenzierende Ausgabe

8

Lern- und Arbeitsheft

für Lernende mit erhöhtem Förderbedarf
im inklusiven Unterricht

Herausgegeben von
Markus Langner

Erarbeitet von
Angela Brabender, Birgit Ellwart,
Jana Ertel, Walter Pingl und Madeleine Scherer

Name: ______________________________

Klasse: ____________

Cornelsen

Deutschbuch

Differenzierende Ausgabe
Lern- und Arbeitsheft 8
für Lernende mit erhöhtem Förderbedarf
im inklusiven Unterricht

Das Lern- und Arbeitsheft wurde erarbeitet auf der Grundlage der Ausgabe von Markus Langner, Andrea Wagener, Julie Chatzistamatiou, Friedrich Dick, Katrin Gabriel, Anna Charlotte Gornik, Ruth Malaka, Christoph Mann, Andrea Mevissen, Arnhild Nachreiner, Christian Neff, Luzia Scheuringer-Hillus, Mechthild Stüber, Carolin Wemhoff-Weinand, Christin Wiebusch.

Zu diesem Lern- und Arbeitsheft gibt es ein passendes **Schülerbuch** (ISBN 978-3-06-063403-3).

Redaktion: Jana Görbing, Berlin

Illustrationen:
Maja Bohn: S. 99–101, 103, 106, 112, 114, 116
Eva Czerwenka: S. 110, 150, 153, 154, 162, 166
Marie Geißler: S. 89
Alexander von Knorre: S. 241, 248, 254, 256, 258, 260, 262, 329
Susanne Kuhlendahl: S. 108–109
Markus Lefrançois: S. 125–129, 134, 138
Matthias Pflügner: S. 58–59 Grundriss, 65, 67
Sulu Trüstedt: S. 271–273, 275, 286/1

Umschlaggestaltung: Corinna Babylon und Jule Kienecker (Berlin) unter Verwendung folgender Fotos: Shutterstock/Ground Picture (Mädchen); Shutterstock/Animaflora PicsStock (Brocken/Harz); Shutterstock/glo (Zeitung); Shutterstock/Denphumi (Helm)
Layout und Gesamtgestaltung: werkstatt für gebrauchsgrafik, Berlin
Technische Umsetzung: Straive, Chennai

www.cornelsen.de

Dieses Werk berücksichtigt die Regeln der reformierten Rechtschreibung und Zeichensetzung.
Bei den mit R gekennzeichneten Texten haben die Rechteinhaber einer Anpassung widersprochen.
Die mit V gekennzeichneten Texte wurden aus didaktischen Gründen gekürzt und/oder verändert.

1. Auflage, 1. Druck 2023

Alle Drucke dieser Auflage sind inhaltlich unverändert und können im Unterricht nebeneinander verwendet werden.

Druck: H. Heenemann, Berlin

ISBN 978-3-06-063460-6

PEFC
PEFC/04-31-1156

PEFC zertifiziert
Dieses Produkt stammt aus nachhaltig bewirtschafteten Wäldern und kontrollierten Quellen.
www.pefc.de

Inhaltsverzeichnis

10 „Spin or God is a DJ“ – Einen Kurzfilm untersuchen 223

11 Ungewöhnliche Hobbys, starke Rekorde – Grammatiktraining 235

12 Rechtschreibung – Sicher in Strategien und Regeln 271

Zum Nachschlagen – Orientierungswissen 322

1 Außergewöhnliche Menschen – Informieren und referieren

1 **a** Sieh dir das Foto an.

b Beantwortet die beiden Fragen:

– Was für ein Einsatz könnte hinter den Feuerwehrleuten liegen?

Die Feuerwehrleute waren ...

– Was könnte die Feuerwehrfrau denken?

Die Feuerwehrfrau denkt ...

2 **a** Vielleicht hast du schon einmal einen Feuerwehreinsatz beobachtet.
Lies die Beispiele.
Die Aufgaben der Feuerwehr sind:

retten (zum Beispiel: Menschen aus einem brennenden Haus herausholen)
bergen (zum Beispiel: Menschen aus einem entgleisten Zug freischneiden)
helfen (zum Beispiel: Menschen bei einem Unglück mit Lebensmitteln und Decken versorgen)

b Überlegt euch gemeinsam weitere Beispiele.
Sprecht darüber mit einer Partnerin oder einem Partner.

Bewundert – vorbildlich – heldenhaft

1

3

Meine Oma ist für mich ein Vorbild, weil sie ehrenamtlich bei der Tafel hilft.

2

Mich beeindruckt Rainer Schmidt. Er wurde ohne Arme und Hände geboren und ist ein erfolgreicher Tischtennisspieler geworden.

Superhelden mit Superkräften finde ich gut. Sie können alle Hindernisse überwinden, bezwingen jeden Gegner und retten am Ende die Menschheit.

1 a Sieh dir die Bilder von den außergewöhnlichen Menschen und Figuren an.
b Lies auch die Aussagen auf den Seiten 14 und 15.
c Wen kennt ihr?
Was wisst ihr noch über diese besonderen Personen und Figuren?
Tragt es zusammen.

2 Welche der Personen oder Figuren beeindruckt dich?
Welche interessiert dich?
Wähle eine der Personen oder Figuren aus, über die du gern mehr erfahren würdest.
Ergänze diesen Satz.
Tipp: Die farbigen Textstellen helfen dir.

Mich beeindruckt ______________________________,
weil ______________________________
____
______________________________.

4

Ich bewundere den griechischen Halbgott Perseus.
Er ist mutig und schlau.
Als Romanfigur Percy Jackson besteht er viele Abenteuer.

5

Für mich ist die Umweltschützerin Kehkashan Basu aus Dubai ein Vorbild.
Sie sammelt seit zehn Jahren Müll und pflanzt Bäume.
Sie gründete die Naturschutzorganisation „Green Hope".

Ich finde den Basketballspieler Dirk Nowitzki außergewöhnlich.
Er ist einer der erfolgreichsten Sportler und fördert soziale Sportprojekte mit Kindern.

6

3 Wie sollte eine Person sein, die du bewunderst?
Beschreibe in einem Satz Eigenschaften und Verhaltensweisen, die du an einem Menschen bewunderst.
Wähle aus. Ergänze den Satz.

bewundernswert • beeindruckend • vorbildlich • toll

Mut haben • stark sein • schlau sein • Selbstbewusstsein haben • freundlich sein • außergewöhnliche Begabungen haben • keine Angst haben • seine Meinung vertreten • sich für andere einsetzen • etwas Besonderes können • Hilfsbereitschaft zeigen • sich ehrenamtlich engagieren

Ich finde es ______________________, wenn ein Mensch ______________________

____

____.

Referat, Informationstext und Portfolio erarbeiten

Einen Kurzvortrag vorbereiten und halten

Ideen in einer Mindmap sammeln und Fakten sammeln

1 Wo überall begegnen euch außergewöhnliche Menschen, Vorbilder oder Heldinnen und Helden?
Tragt in der Klasse passende Bereiche und Situationen zusammen.

2 Suche dir eine Partnerin oder einen Partner, um zu zweit einen Kurzvortrag vorzubereiten und zu halten.

3 Was wisst ihr bereits über Dirk Nowitzki?
Ergänzt es in dieser Mindmap in Stichworten.
Die farbig markierten Fragen sind die Bereiche, über die ihr euch noch auf der Seite 18 informieren solltet.

Dirk Nowitzki

Sportliche Laufbahn

- erfolgreicher Basketballspieler
- spielte in den USA
- Wann fing er an, im Verein zu spielen?
  ____
- Für welche Vereine spielte er?
  ____
  ____
  ____

Leben

- lebt in Amerika
- Wo wurde er geboren?
  ____
- Wann wurde er geboren?
  ____

Soziales Engagement

- fördert soziale ______________

Auszeichnungen

- Laureus Award für sein Lebenswerk

Die Materialien für den Kurzvortrag lesen und auswerten

Texte aus dem Internet mit Informationen über eure ausgewählte Person könnt ihr kopieren und in einem Textverarbeitungsprogramm speichern.

1 Lies den Steckbrief und den Text über Dirk Nowitzki.
Achte besonders auf die farbigen Bereiche.

Name	Dirk Werner Nowitzki
Spitzname	Dirkules, German Wunderkind
Geburtstag	19. Juni 1978
Geburtsort	Würzburg
Größe	2,13 m
Vereine	DJK Würzburg Dallas Mavericks deutsche Nationalmannschaft
Trikotnummer	41

Tipp:
Wichtige Informationen über sein Leben, seine Auszeichnungen und seine sportliche Laufbahn sind in diesen Farben markiert.

Dirk Nowitzki ist ein ehemaliger Basketballspieler aus Deutschland. Er spielte fast 20 Jahre lang für die Dallas Mavericks und war einer der besten Spieler der NBA. Das ist die höchste amerikanische Liga im Basketball. Unter anderem gewann er als erster Europäer die Auszeichnung zum „Most Valuable Player". Sie ist für den wertvollsten Spieler der Saison. Am liebsten spielte Nowitzki auf der Position Power Forward. Auf dieser Position sind die Spieler nah am Korb und versuchen, von dort zu treffen. Manchmal spielte Nowitzki auch als Center, also als der Spieler, der in der Mitte steht. Dirk Nowitzki wurde im Jahr 1978 in Würzburg in Bayern geboren. Erst mit 13 Jahren begann er, sich für Basketball zu interessieren. Ein ehemaliger Profispieler erkannte sein Talent und begann, ihn zu trainieren. So spielte er ab 1994 beim DJK Würzburg und verhalf dieser Mannschaft später zum Aufstieg in die Basketball-Bundesliga. Mit 19 Jahren nahm Nowitzki an einem Spiel teil, bei dem die besten Talente Europas gegen die besten Talente der Universitäten in den USA antraten. Dabei erzielte er 33 Punkte und machte die Talentsucher der NBA auf sich aufmerksam. Schließlich erhielt er einen Vertrag bei den Dallas Mavericks. v

2 Ergänze die Antworten der farbig markierten Fragen in der Mindmap auf der Seite 16.

Den Kurzvortrag gliedern

1 **a** Sieh dir die Karteikarten an.

b Welche Oberbegriffe stehen auf den einzelnen Karteikarten?
Markiere sie mit verschiedenen Farben.

Auszeichnungen
– Auszeichnung „Most Valuable Player"

Einleitung: Dirk Nowitzki
– außergewöhnliches Basketballtalent
– engagiert

Schluss
Dirk Nowitzki ist für uns ein Vorbild, weil

Soziales Engagement
– fördert soziale Sportprojekte mit Kindern

Sportliche Laufbahn
– begann mit dem Basketball mit 13 Jahren
– spielte ab 1994 beim DJK Würzburg
– Aufstieg
– mit 19

Leben
– geboren 19.6.1978 in
– Größe:

2 **a** Ergänze die Karteikarten aus Aufgabe 1 mit den Informationen, die du von Seite 18 hast.

b Bringe die Karteikarten in eine sinnvolle Reihenfolge.

c Ordne die Karteikarten den folgenden Bereichen zu:
Einleitung, Hauptteil, Schluss.
- **Einleitung:** Nenne den Namen. Was macht die Person besonders? Erkläre.
- **Hauptteil:** Lege die Gliederungspunkte fest, um die es im Vortrag gehen soll: Leben, sportliche Laufbahn, Auszeichnungen, soziales Engagement.
- **Schluss:** Warum hältst du diese Person für außergewöhnlich? Erkläre es.

d Übertrage die Informationen auf echte Karteikarten.
Achte auf die Reihenfolge.

e Markiere die Schlüsselwörter farbig.

3 **a** Übe den Vortrag mit den Karteikarten zu Hause vor einem Spiegel oder vor Freundinnen/Freunden.

b Schreibe die **ersten beiden Sätze** so, dass du **das Interesse** des Publikums **weckst.**
Schreibe in dein Heft.
Tipp: Die Sprechblase neben Dirk Nowitzki und der Kasten auf Seite 15 können helfen.
Kennt ihr eigentlich …?
Er ist außergewöhnlich, weil …

Materialien auswerten und einen Informationstext schreiben

Aufgabe:
In der Projektwoche „Außergewöhnliche Menschen“ sollst du deine Mitschülerinnen und Mitschüler über die Schwimmerin Yusra Mardini informieren.

1 **a** Lies dafür die Texte M1 und M2 genau.
b Beachte dabei die Farbbereiche für
– das Leben in Syrien und die Flucht aus Syrien,
– das Leben in Deutschland,
– Yusra als außergewöhnlicher Mensch.

M1

Das Talent, das dein Leben rettet

Die syrische Schwimmerin Yusra Mardini flüchtete 2015 vor dem Krieg aus ihrer Heimat. Während ihrer Flucht über das Mittelmeer fiel der Motor des Bootes aus. Yusra und ihre Schwester sind beide sehr gute Schwimmerinnen. Sie und zwei andere sprangen abwechselnd ins Wasser und sicherten das überfüllte Schlauchboot mehrere Stunden in den Wellen. So retteten sie 18 bis 20 Flüchtenden das Leben. 2016 trat Yusra unter der olympischen Flagge bei den Olympischen Spielen in Rio an.

ZEIT ONLINE: Sie sind eine von zehn Geflüchteten, die bei Olympia antreten werden. Wie haben Sie das geschafft?

Mardini: In Berlin kam ich durch einen Zufall in Kontakt mit Schwimmvereinen. Manchmal stehe ich fürs Training schon um fünf Uhr auf. Ich trainiere täglich von sieben bis neun. Dann gehe ich zur Schule. Ab 15 Uhr trainiere ich oft bis abends weiter. Ich will viel erreichen, also muss ich mich anstrengen.

ZEIT ONLINE: Was bedeutet Ihnen das Schwimmen, und was bedeutet es Ihnen, an den Olympischen Spielen teilzunehmen?

Mardini: Wenn ich nicht schwimme, fehlt mir etwas im Leben. Für mich ist Schwimmen eine ganz andere Welt. Hier kann ich zeigen, wer ich wirklich bin. Als ich erfahren habe, dass ich an den Olympischen Spielen teilnehmen darf, bin ich vor Freude im ganzen Haus herumgesprungen. […] Es gibt 60 Millionen Geflüchtete auf der Welt, und ich möchte gern jeden Einzelnen von ihnen stolz machen.

ZEIT ONLINE: Im August 2015 sind Sie um Ihr Leben geschwommen. Jetzt schwimmen Sie bei den Olympischen Spielen. Kann man diese beiden Situationen vergleichen?

Mardini: Es gibt Ähnlichkeiten. Die Spiele sind ein einmaliges Erlebnis und um sein Leben zu schwimmen ebenfalls. Es gibt aber einen Riesenunterschied: Als ich aus dem Schlauchboot sprang, hatte ich große Angst. Ich wusste nicht, ob ich überleben würde. Meine Olympia-Teilnahme hat mir und vielen Menschen Mut gegeben – das ist viel besser.

ZEIT ONLINE: Schon in Syrien waren Sie und Ihre Schwester bekannte Schwimmerinnen. Wie konnten Sie in Syrien trainieren?

Mardini: Mit vier Jahren habe ich mit dem Schwimmen angefangen.

Eines Tages an der Olympiade teilzunehmen, war schon immer mein Traum.

In Syrien konnte ich nur einmal pro Tag trainieren und seit Kriegsbeginn oft gar nicht, weil der Weg zerbombt und unpassierbar war. […] Als das Schwimmbad völlig zerstört war, musste ich aufhören. Der Krieg war fürchterlich, aber ich konnte fliehen und habe die Chance, meinen Traum zu verwirklichen.

Ich glaube, das Leben belohnt einen, wenn man nicht aufgibt.

ZEIT ONLINE: Welche Rolle hat der Sport bei Ihrem Einleben in Deutschland gespielt?

Mardini: Das Leben als Geflüchtete war in Deutschland anfangs ziemlich hart.

Jeder meinte, Flüchtlinge würden nichts machen. Ich wohnte in einem Heim mit Hunderten anderen Menschen. Da war es schwer, eine Chance zu bekommen. […]

Ich verdanke dem Sport, dass ich ein ganz normales Leben habe – meine Familie hat eine Wohnung. Ich gehe zur Schule und zum Training. Im Wasser bin ich weder Syrerin noch Deutsche. Hier zählt nur mein Können. […]

Ich habe es satt, als Flüchtling bezeichnet zu werden. Ich sehe mich als Schwimmerin, fertig. […] V

M2

Yusra Mardini	
Geburtstag	5. März 1998
Geburtsort	Damaskus, Syrien
Sportliche Laufbahn	2001 Beginn des Schwimmtrainings mit dem Vater als Schwimmtrainer 2012 mit 14 Jahren Teilnahme an den Weltmeisterschaften in Istanbul 2015 Training beim Sportverein „Wasserfreunde Spandau 04" in Berlin 2016 Teilnahme: Sommerspiele in Rio de Janeiro für das olympische Team der Flüchtlingsathleten 2018 Training am Olympiastützpunkt Hamburg / Schleswig-Holstein 2021 Teilnahme: Olympische Spiele in Tokio, Fahnenträgerin des olympischen Flüchtlingsteams bei der Eröffnungsfeier
Auszeichnungen/ Engagement	2016 Bambi in der Kategorie „Stille Helden" 2017 **UN-Sonderbotschafterin für ein Flüchtlingswerk**
Sonstige Erfolge	2018 Veröffentlichung ihrer Biografie „Butterfly" 2022 Biografischer Film „The Swimmers"

Den Informationstext planen und schreiben

1 Plane deinen Informationstext. Ergänze dafür diesen Schreibplan.
Einleitung: Kurzinfo zur Person
Tipp: Die grün markierte Textstelle im Text **M1** hilft.
Kennt ihr die spannende Geschichte der syrischen Schwimmerin Yusra Mardini?
Bei einer gefährlichen Flucht über das Mittelmeer sprang sie ins Wasser und

____

____

Hauptteil:
1. Syrien: Leben und Flucht
Tipp: Die grün markierten Textstellen in Text **M2** helfen.

- März 1998 geboren in ______________________________
- 2012: mit 14 Jahren Teilnahme an ______________________________
- 2015: Flucht vor dem Krieg über das Mittelmeer

2. Deutschland nach Ankunft
Tipp: Die rote, fett gedruckte Textstelle in Text **M2** hilft.

- von 2015 bis 2021: Schwimmtraining und Teilnahme an Olympischen Spielen
- seit 2017: Sonderbotschafterin ______________________________

Schluss:
Tipp: Die Wörter am Rand helfen dir.

Mut • Angst • Olympia • 18 bis 20

Yusra Mardini ist eine Heldin. Sie sprang trotz ihrer großen ______________

aus dem Schlauchboot und rettete so ______________ Menschen.

Sie trainierte hart und nahm an ______________ teil.

Damit machte sie vielen Flüchtlingen ______________.

2 Schreibe nun einen ausführlichen Text zum **Hauptteil** in dein Heft.
Tipp: Dein Schreibplan von Aufgabe 1 hilft dir dabei.
1998 wurde … in … geboren.
Sie begann bereits sehr früh mit dem …
2012 nahm sie mit 14 Jahren an den … in … teil.
Als der Krieg in Syrien begann, flüchtete sie im Jahr …
Auf der Flucht rettete sie …
In Deutschland war es zunächst schwer. Sie wohnte mit Hunderten anderen Menschen in einem Heim. In Berlin begann sie wieder mit dem …
So schaffte sie es, an der … teilzunehmen.

Einen literarischen Text untersuchen

Einen Auszug aus einem Heldenroman erschließen

1 a Lies den Text genau.

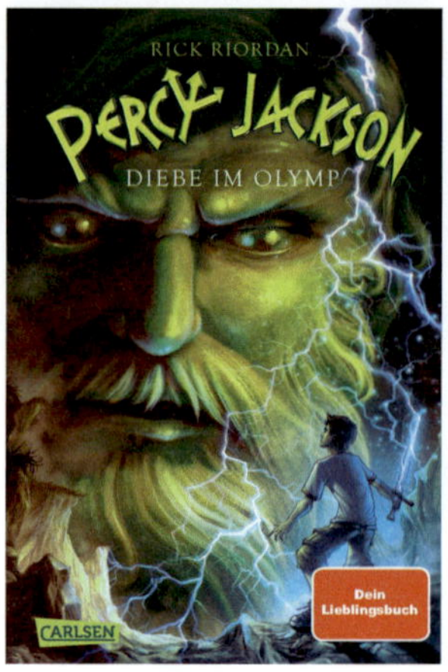

Rick Riordan

Percy Jackson – Diebe im Olymp

In diesem Jugendroman gibt es die griechischen Götter wirklich. Sie kontrollieren vom Götterberg Olymp die gesamte Welt. Percy Jackson ist die Hauptfigur und erzählt die Geschichte in der Ich-Form. Er ist ein Halbgott und besucht seit Kurzem ein Ausbildungscamp für junge Heldinnen, Helden und Halbgötter. Er besitzt außerordentliche Fähigkeiten. Deshalb soll er einen Krieg der Götter verhindern. Er bekommt den Auftrag, den Herrscherblitz zurückzuholen. Das ist die wichtigste Waffe des Göttervaters Zeus. **Percy erhält ein magisches Schwert, das als Kugelschreiber getarnt ist.** Zusammen mit seinen Freunden Grover und Annabeth zieht er los. **Annabeth ist ebenfalls eine Halbgöttin, ihre Mutter ist die Göttin Athene.** Grover ist ein Satyr. Das ist ein Wesen mit dem Unterkörper einer Ziege. Im folgenden Text befinden sich die drei Freunde in einer Gärtnerei mit vielen Statuen. Das sind Figuren aus Stein. **Percy Jackson und seine Freunde treffen dort auf Tante Em. Tante Em ist eigentlich Medusa, eine gefährliche Schreckensgestalt mit Haaren aus Schlangen. Alle, die Medusa ansehen, erstarren zu Stein.**

b Was könnte an diesem Jugendroman spannend sein? Erklärt.
Tipp: Die Beschreibungen im Kasten helfen euch.

spielt in heutiger Zeit • Schreckensgestalt ist die Tante • die Freunde sind Halbgötter und Fabelwesen • magisches Schwert als Kugelschreiber getarnt

c Verbinde jeweils den Satzanfang mit dem richtigen Satzende.
Tipp: Die **fett gedruckten Textstellen** können dir helfen.

Percy erhält		ein magisches Schwert als Glaskugel getarnt.
		ein magisches Schwert als Kugelschreiber getarnt.

Annabeth ist		eine Halbgöttin.
		ein Satyr.

Tante Em		ist eine liebe, alte Frau.
		ist eine Schreckensgestalt mit Haaren aus Schlangen.

Wer Medusa ansieht,		erstarrt zu Stein.
		wird von Perseus getötet.

2 **a** Lies nun einen Ausschnitt aus dem Jugendroman.

Irgendwo schrie Annabeth: „Nicht hinschauen!“ Ich hörte ein Scharren und das Zischen winziger Schlangen. Es war genau über mir, von dort, wo eigentlich Tante Ems Kopf sitzen müsste. […] Ich konnte mich nicht bewegen. Ich starrte Tante Ems Krallen an […]. Nachdenken, ermahnte ich mich. Wie ist Medusa im Mythos gestorben? Aber ich konnte nicht denken. In der Sage hatte Medusa geschlafen, als sie angegriffen worden war. Jetzt schlief sie aber ganz und gar nicht. Sie könnte mein Gesicht sofort mit ihren Krallen zerfleischen.

„Das hat mir die Göttin Athene angetan, Percy“, sagte Medusa. Sie hörte sich überhaupt nicht wie ein Ungeheuer an. Ihre Stimme bat mich, aufzuschauen und Mitleid mit einer armen alten Oma zu haben. **„Annabeths Mutter, die verfluchte Athene, hat mich aus einer schönen Frau in das hier verwandelt.“** „Hör nicht auf sie!“, brüllte Annabeths Stimme zwischen den Statuen. „Lauf, Percy!“ „Still!“, fauchte Medusa. Dann wurde ihre Stimme wieder schmeichelnd. „Du wirst doch einsehen, dass ich dieses Mädchen vernichten muss, Percy. Sie ist die Tochter meiner Feindin. Ich werde ihre Statue zu Staub zerschlagen. Aber du, mein lieber Percy, du brauchst nicht zu leiden.“

[…] Hinter mir hörte ich ein Brummen, wie von einer zweihundert Pfund schweren Hummel im Sturzflug. Grover schrie: „Percy! Duck dich!“ Ich fuhr herum und da sah ich Grover. Er kam mit flatternden Schuhen angeflogen und hatte einen kräftigen Ast in der Hand. Grover hatte die Augen fest geschlossen und sein Kopf wackelte hin und her. Er flog nur nach Geruch und Gehör. […] Twack! Zuerst dachte ich, Grover sei gegen einen Baum geknallt. Dann schrie Medusa wütend: „Du mieser kleiner Satyr, du kommst in meine Steinsammlung!“ […] Schnell versteckte ich mich hinter den Statuen, und Grover setzte zum nächsten Angriff an. Ka-wack! „Argh!“, kreischte Medusa, und ihre Schlangenhaare zischten und spuckten.

Gleich neben mir sagte Annabeth: „Percy! […] Hack ihr den Kopf ab!“ „Was? Spinnst du? Komm, wir machen, dass wir wegkommen!“, sagte ich. „Medusa ist eine Gefahr. Sie ist böse. Ich würde sie ja selbst umbringen, aber […] du hast eindeutig die bessere Waffe. Und ich würde nicht an sie herankommen. Sie würde mich zerfleischen, wegen dieser Sache mit meiner Mutter. Du hast eine Chance.“ „Was? Ich kann doch nicht …“ „Dann wird sie noch mehr unschuldige Menschen in Statuen verwandeln.“ […] Annabeth schnappte sich eine grüne Glaskugel von einem Sockel. […] Sie warf mir die Glaskugel zu. **„Schau sie nur im Glas an.** Du darfst ihr niemals ins Gesicht blicken.“ […]

Grover machte sich für einen weiteren Angriff mit seinem Ast bereit. „Beeil dich“, sagte Annabeth. „Sonst baut Grover noch einen Unfall.“ Ich zog meinen Kugelschreiber heraus und drehte die Kappe herunter. Da wurde der Kugelschreiber zum Schwert und ich folgte dem Zischen und Spucken der Medusenhaare. Die ganze Zeit starrte ich in die Glaskugel, um nur das Spiegelbild zu sehen und nicht die echte Medusa. Dann erblickte ich sie in dem getönten Glas. […]

Ich näherte mich ihr. Das war schwierig, weil ich ein Schwert und eine Glaskugel in den Händen hielt. Bei einem Angriff hätte ich mich nur schwer verteidigen können. Bis auf drei Meter kam ich an sie heran. Jetzt konnte ich ihr Gesicht im Spiegelbild sehen. So hässlich war sie gar nicht. „Du tust doch einer alten Frau nichts an, Percy“, säuselte sie. „Das kannst du gar nicht.“ Ich zögerte und war fasziniert von dem Gesicht, das sich im Glas spiegelte. Durch ihren Blick wurden meine Arme schwach. Grover rief: „Percy, höre nicht auf sie!“ **Medusa krächzte: „Zu spät!“ Sie griff mich mit ihren Krallen an.** Ich riss mein Schwert hoch und hörte ein scheußliches „Schlock!“. Es folgte ein Zischen, wie Wind, der durch einen Spalt entweicht. **So hört es sich an, wenn ein Monster sich auflöst.**

Etwas fiel vor meinen Füßen auf den Boden und eine heiße Flüssigkeit sickerte in meine Socken. Ich zwang mich, nicht hinzusehen. Winzige sterbende Schlangen zupften an meinen Schnürsenkeln. „Igitt“, sagte Grover. Er kniff die Augen noch immer zu, aber ich konnte mir denken, dass er das Gurgeln und Zischen hörte. „Superigitt.“

Annabeth […] hielt den schwarzen Schleier der Medusa in der Hand. „Nicht bewegen!“, sagte sie. Sie ging in die Knie, ohne nach unten zu schauen. Dann **wickelte sie den Kopf des Ungeheuers in das schwarze Tuch.** Beim Aufheben tropfte grüne Flüssigkeit heraus. [V]

b Kreuze passend an.
Tipp: Die **fett gedruckten** Textstellen können dir helfen.

A Wer verwandelte Tante Em in Medusa?	☐ Percy ☐ Annabeths Mutter
B Annabeth gibt Percy den Tipp,	☐ Medusa nur im Glas anzuschauen. ☐ Medusa in Stein zu verwandeln.
C Tante Em ist Medusa und	☐ nur eine arme alte, harmlose Frau. ☐ greift Percy an.
D Gelingt es Percy, Medusa zu besiegen?	☐ ja ☐ nein
E Annabeth hat Medusas schwarzen Schleier	☐ und gibt ihn zurück. ☐ und wickelt den Kopf der Medusa hinein.

2 Streitpunkt Medien – Diskutieren und argumentieren

1 **a** Was denkt ihr, was machen die Jugendlichen auf dem Bild auf ihrem Handy? Sprecht darüber.
b Wie kann man das Handy sinnvoll nutzen? Wobei kann es hilfreich sein? Sprecht auch darüber.

bei den Hausaufgaben • unterwegs • zu Hause • in der Schule

2 **a** Lies oben im Bild die **Aussagen A und B**. Was bedeuten sie?
b Schreibe den richtigen Buchstaben (A oder B) in das Kästchen.

[ ] Die Teenager haben sehr oft ihr Handy in der Hand und beschäftigen sich damit.
[ ] Die Teenager bauen kein Wissen mehr auf und schauen alles im Handy nach.

c Findest du die Aussagen richtig oder falsch? Schreibe auf.

Ich finde die Aussage A/B richtig/falsch, weil ______________________

____.

A Ich finde, dass digitale Medien* sich negativ auf Jugendliche auswirken, **weil** diese die Zeit nicht gut nutzen und sich fast nur Filme anschauen und Spiele spielen.
(Tarek Diab, Lehrer)

B Ich bin der Meinung, dass Handys auch nützlich sein können, **weil** sie auch zum Lernen genutzt werden können. Ich lerne beispielsweise Vokabeln auf meinem Handy.
(Mahmut, Schüler)

C Ich meine, dass soziale Medien gefährlich sein können, **denn** man weiß nicht, wer hinter den Accounts und Kommentaren steckt.
Es kommt zum Beispiel oft zu Cybermobbing oder Beleidigungen.
(Sheila, Schülerin)

D Ich finde, dass soziale Netzwerke Spaß machen, **weil** ich dort Leute kennen lernen kann, die zum Beispiel die gleichen Ansichten und Interessen haben wie ich.
(Paul, Schüler)

* Mit digitalen Medien sind Medien gemeint, die elektronisch erstellt und oft im Internet veröffentlicht werden. Das können zum Beispiel Texte, Bilder, Daten, Tonaufnahmen oder Videos sein.
Aber auch Apps oder E-Books sind digitale Medien.

1 Lies die **Sprechblasen A bis D.**
Die Personen sagen hier, welche Chancen und Probleme die Nutzung digitaler Medien haben können.

2 **a** Welche Meinung haben die Personen?
Woran erkennt man, dass sie dafür oder dagegen sind?
Markiere dafür (Chancen) mit einer Farbe und dagegen (Probleme) mit einer anderen Farbe.

b Welche Gründe (Argumente) werden genannt?
Markiere diese mit einer dritten Farbe.
Tipp: Achtet auf die Signalwörter **weil** und **denn.**

c Gibt es Beispiele zu den Gründen? Unterstreiche sie mit Bleistift.

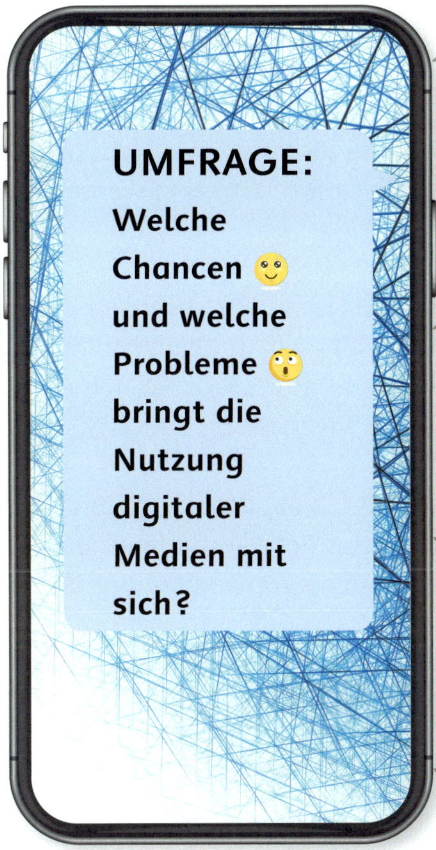

E ☐ Ich kontrolliere regelmäßig das Handy meiner Tochter, um sie vor Gefahren im Internet zu schützen. (Aysun Akyüz, Mutter)

F ☐ Wenn meine Eltern mein Handy kontrollieren würden, würde ich komplett ausrasten!!!
Mein Handy ist meine Privatsache!
(Nelli, Schülerin)

G ☐ Es ist fürchterlich! Mein Enkel schaut immer nur auf sein Handy. Das ist doch kein Benehmen!
(Elke Jansen, Großmutter)

H ☐ Ich muss regelmäßig meine Social Media checken, weil ich sonst wichtige Sachen von meinen Bros nicht mitkriege.
(Max Jansen, Enkel)

3 a Lies die **Sprechblasen E bis H.**

b Welcher Aussage stimmst du zu? Kreuze die Sprechblase an.

c Wie würdest du reagieren, wenn man dein Handy kontrollieren würde? Schreibe auf.

4 Die **Aussagen F, G und H** sind unsachlich formuliert.
Sie enthalten Umgangssprache oder Gefühlsäußerungen.
Unterstreiche die unsachlichen Formulierungen.

Mündlich argumentieren

Meinungsäußerungen untersuchen

A

Sira Bitte lösch das Foto von uns im Bikini sofort. Das kann jeder sehen! 😬

Carla Na und? Du spinnst ja! 😱 Ich finde, das ist kein Problem. Mir gefällt das Bild. 😍 Ich tue doch nichts Verbotenes, oder? 🙄

Sira Das IST ein Problem, weil jemand das Foto verändern oder für eigene Sachen nutzen könnte. 😡

Carla Quatsch!!! Das machen doch alle. 😎

B Wenn man private Bilder in digitalen Medien postet, dürfen diese Bilder auch von anderen benutzt werden. Man sollte deshalb keine privaten Bilder hochladen. (Martin Hassel, Datenschutz-Experte)

C Es ist für mich okay, dass meine Bilder auch von anderen benutzt werden dürfen, denn ich möchte meinen Followern mein Leben zeigen. Ich überlege gut, welche Bilder ich poste. Ich würde zum Beispiel niemals ein Foto veröffentlichen, auf dem ich nackt bin. (Destiny Girl, Influencerin)

1 Hast du schon mal ein Foto gepostet? Tausche dich mit einer Partnerin oder einem Partner aus.

2 **a** Lies den **Chat**.
b Worüber streiten Sira und Carla? Verbinde.

Sira möchte nicht, dass …	Carla das Bild löscht.
Sira möchte, dass …	das nicht schlimm ist.
Carla ist der Meinung, dass …	sie im Bikini im Internet zu sehen ist.

3 **a** Lies die **Sprechblasen B und C.**
b Welche Gründe (Argumente) sprechen für das Posten von Fotos, welche dagegen? Markiere mit unterschiedlichen Farben.

Pro und kontra diskutieren

B Handys sollten auf Klassenfahrten erlaubt sein. Man kann mit Handys etwas gemeinsam erleben. Zum Beispiel kann man online gegeneinander spielen oder Songlisten teilen.
(Melek, 8. Klasse)

C Handys auf Klassenfahrten finde ich sinnvoll, denn Handys sind in vielen Situationen hilfreich. Man kann zum Beispiel Fotos zur Erinnerung machen, den Weg suchen, schnell etwas recherchieren oder kleine Videoclips über die Fahrt erstellen.
Natürlich müssen sich alle an die Regeln halten.
(Torsten Weber, Lehrer)

E Von mir aus können wir die Handys zu Hause lassen. Ich finde eine Klassenfahrt ohne Handy besser, weil es mich stört, wenn alle nur auf ihr Handy schauen.
Es ist viel schöner, sich zu unterhalten, wenn wir abends im Zimmer oder am Feuer zusammensitzen.
(Henri, 8. Klasse)

1 **a** Hier wird darüber diskutiert, ob Handys auf einer Klassenfahrt sinnvoll oder nicht sinnvoll sind. Lies die **Aussagen B, C und E.**

b Wer ist dafür? Wer ist dagegen? Kreuze an.

	dafür	**dagegen**
B	☐	☐
C	☐	☐
E	☐	☐

c Welcher Aussage stimmst du zu? Schreibe auf.

____

2 **a** Markiere in den Aussagen die Gründe, die für oder gegen die Handynutzung auf einer Klassenfahrt genannt werden, mit unterschiedlichen Farben.

b Unterstreiche die Beispiele mit Bleistift.

Zu einem Forumsbeitrag Stellung nehmen

Eine Argumentation untersuchen

1 **a** Lies den Text.

Gefahren von Bewertungssystemen in sozialen Netzwerken

☐ Es gibt soziale Netzwerke, die haben ein Bewertungssystem mit Smileys. Bewertet wird der Austausch durch Nachrichten oder im Chat zwischen zwei Nutzern. Also je häufiger man miteinander in Kontakt tritt, desto besser ist die Smiley-Bewertung.

☐ Solche Bewertungssysteme sollten abgeschaltet werden, weil sie schädlich für Jugendliche sein können.

☐ Die Nutzer fühlen sich vielleicht unter Druck gesetzt. Zum Beispiel könnte in einer Klasse ein Wettstreit entstehen, wer dort die meisten Freunde hat oder wer mit wem laut der Smiley-Bewertung am besten befreundet ist. Bei einer schlechten Bewertung leiden die Jugendlichen darunter und sie sind traurig oder enttäuscht.

☐ Aus diesen Gründen sollten Bewertungssysteme abgeschafft werden.

> Ihr seid BFFs!
> (Kontakt jeden Tag seit einem Monat)
>
> Ihr seid ganz dicke miteinander.
> (Kontakt jeden Tag seit einer Woche)
>
> Das war's mit euch.
> (Deine Nachrichten bleiben seit einer Woche unbeantwortet.)

b Was denkst du über Bewertungssysteme in sozialen Netzwerken? Tausche dich mit einer Partnerin oder einem Partner aus.

> Ich finde Bewertungssysteme mit Smileys sinnvoll, weil …

> Ich bin gegen Bewertungssysteme mit Smileys, weil …

2 **a** Welche Meinung zu Bewertungssystemen wird in dem Text oben vertreten? Kreuze an.

☐ Der Text ist für das Verwenden von Bewertungssystemen mit Smileys.

☐ Der Text ist gegen das Verwenden von Bewertungssystemen mit Smileys.

b Untersuche den Aufbau des Textes. Schreibe den richtigen Buchstaben an den passenden Abschnitt.

A das Argument mit Beispiel
B der Schluss mit Wiederholung der Meinungsäußerung
C die Einleitung mit Vorstellung des Themas
D die Meinungsäußerung

Materialgestützt argumentieren

Sind Likes in sozialen Medien hilfreich oder gefährlich? Nutze den Text **Auf der Jagd nach Likes** und das Säulendiagramm auf der Seite 51, um dich über dieses Thema zu informieren.

1 **a** Lies das Zeitungsinterview.

Auf der Jagd nach Likes

Dr. Christina Wolf von der Universität Köln erforscht die Auswirkungen von sozialen Medien auf die Psyche von Jugendlichen. Wir haben mit ihr über Likes in sozialen Medien gesprochen.

Wie können sich Likes positiv auf die Psyche von Jugendlichen auswirken?
Dr. Wolf: Wenn man in sozialen Medien ein Like bekommt, kann sich das extrem gut anfühlen. Es stärkt das Selbstbewusstsein. Wir wissen beispielsweise aus Studien, dass ein Like in den sozialen Medien denselben Bereich im Gehirn aktiviert, der auch durch Gedanken an Geld oder Eiscreme aktiv wird. Außerdem können sich Jugendliche durch die Bestätigung in sozialen Medien einer Gruppe zugehörig fühlen. Das macht ebenfalls stark.

Haben Likes auch negative Effekte?
Dr. Wolf: Leider ja. Dieses Glücksgefühl kann abhängig machen. Wenn die Likes mal ausbleiben, führt das oft dazu, dass Jugendliche sich schlecht fühlen. Etwa 100 000 Jugendliche in Deutschland leiden derzeit unter einer Social-Media-Sucht. Auch vergleichen viele Jugendliche die Anzahl ihrer Likes mit anderen, auch mit Influencern, die die Jagd nach Likes professionell betreiben. Da kann man sich nur minderwertig fühlen.

b Welche Informationen überraschen dich?
Tausche dich mit einer Partnerin oder einem Partner aus.

Ich wusste nicht, dass …

Ich wusste schon, dass …

Ich finde, dass …

Ich finde nicht, dass …

c Markiere im Text die positive Wirkung von Likes mit einer Farbe und die negative Wirkung von Likes mit einer anderen Farbe.

d Schreibe passende Stichworte in eine Tabelle in dein Heft.

Positive Wirkung	Negative Wirkung
…	…

2 **a** Schülerinnen und Schüler aus einem 8. Schuljahr wurden gefragt, wie wichtig ihnen Likes in den sozialen Medien sind. Sie hatten fünf verschiedene Antwortmöglichkeiten. Das Ergebnis wurde in einem Säulendiagramm zusammengefasst. Sieh dir das Säulendiagramm an.

Wie wichtig sind dir Likes in sozialen Medien?
Umfrage im 8. Jahrgang einer Gesamtschule

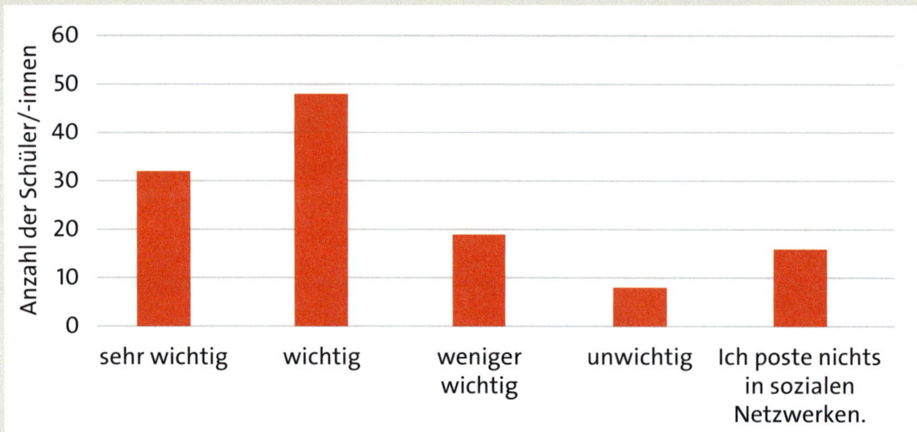

b Was fällt dir auf? Was hat dich überrascht? Tausche dich mit einer Partnerin oder einem Partner aus.

c Wie wichtig sind dir Likes in sozialen Medien? Schreibe auf.

____

d Werte das Säulendiagramm aus. Ergänze die Lücken.

17 • 9 • 8. • 48 • 32 • wichtig • 19

Insgesamt 123 Schülerinnen und Schüler aus einem ______ Jahrgang wurden gefragt, wie wichtig ihnen Likes in sozialen Netzwerken sind.

Die meisten Schülerinnen und Schüler finden Likes __________________, das haben ______ angegeben.

Es gibt auch viele Schülerinnen und Schüler, denen die Likes sehr wichtig sind, nämlich ______. Weniger wichtig finden ______ Jugendliche die Likes.

Und als unwichtig stufen ______ Jugendliche die Likes ein.

Nur ______ Schülerinnen und Schüler gaben an, dass sie nichts posten.

3 Mein Weg in Praktikum und Beruf – Beschreiben und erklären

1

2
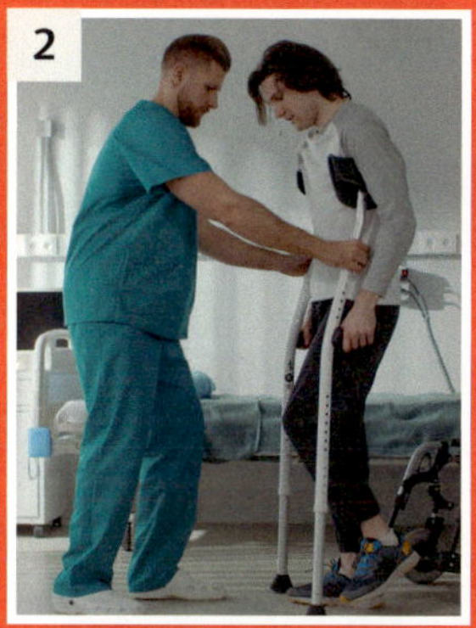

3

4

5

6

1 In Deutschland gibt es über 300 Ausbildungsberufe.
Beliebte Ausbildungen sind zum Beispiel: Kauffrau – Kaufmann für Büromanagement, Verkäuferin – Verkäufer, Kraftfahrzeugmechatronikerin – Kraftfahrzeugmechatroniker, Tischlerin – Tischler, Pflegefachfrau – Pflegefachmann, Erzieherin – Erzieher.

Welche Berufe erkennt ihr auf den Bildern?
Beschreibt die Personen.

> Auf Bild 2 sehe ich einen Mann, der vermutlich Pflegefachmann ist.
> Das erkenne ich an …

2 Welche Berufe interessieren euch persönlich?
Wo seht ihr euch in 10 Jahren?
Tauscht euch darüber aus.

> Ich könnte mir vorstellen, dass ich in 10 Jahren als Krankenschwester arbeite … Das passt zu mir, weil …

Hallo, ich bin Ilyana.
Ich mache ein Betriebspraktikum in einer Großbäckerei. Hier gibt es viel zu tun und viele Berufe.

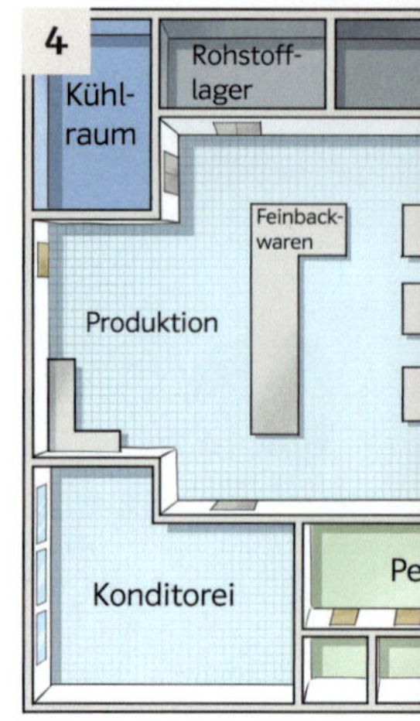

In der großen Backhalle gibt es unterschiedliche Arbeitsbereiche.

Die Anlagen werden mit modernster Technik gesteuert und rund um die Uhr überwacht.

1 a Sieh dir die Bilder an.
b Lies die Texte in den Sprechblasen.
b Ordne die Bilder den folgenden Berufen zu. Schreibe die Ziffern auf.

die Bäckerin – der Bäcker	Bild
die Konditorin – der Konditor	Bild 5
die Bäckereifachverkäuferin – der Bäckereifachverkäufer	Bild
die Praktikantin – der Praktikant	Bild 1
die Technikerin – der Techniker	Bild
die Verwaltungsfachkraft	Bild 6
die Kraftfahrerin – der Kraftfahrer	Bild

2 a Sieh dir die Personen auf Bild 3 genau an.
b Wie sehen die Personen genau aus? Was tragen sie? Beschreibt.

Auf dem Bild sind …
Als Berufsbekleidung tragen sie …

die weiße Kleidung • die Kochmütze • drei Personen • die Einweghandschuhe

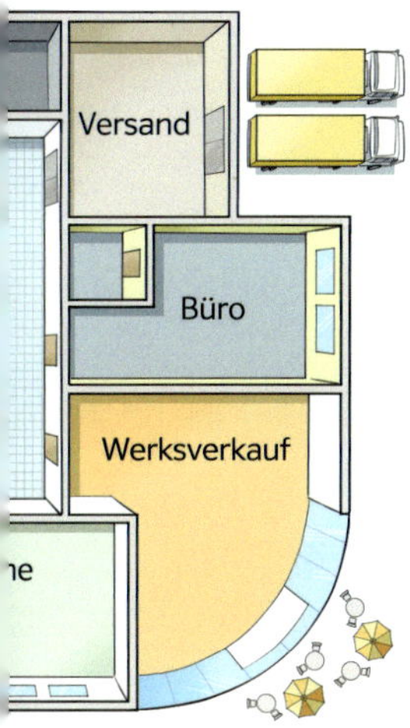

Die Profis für Torten und Feingebäck stellen zum Beispiel Muffins her.

5

6

7

8

Die Büroangestellten verwalten Lieferungen, Bestellungen und Abrechnungen.

Die Waren müssen pünktlich und zuverlässig ausgeliefert werden.

Am Ende meines Praktikums durfte ich im Werksverkauf helfen.

3 Auf Bild 4 ist der Grundriss einer Großbäckerei zu sehen.
Ordne die Räume den Berufen zu.

Büro	die Bäckerin – der Bäcker
Werksverkauf	die Verwaltungsfachkraft
Produktion	die Kraftfahrerin – der Kraftfahrer
Konditorei	die Bäckereifachverkäuferin – der Bäckereifachverkäufer
Versand	die Konditorin – der Konditor

4 **a** Sieh dir Bild 6 genau an.
b Beschreibt den Arbeitsplatz der Verwaltungsfachkraft.

Am Arbeitsplatz der Verwaltungsfachkraft …

der Schreibtisch • das Telefon • der Computer

5 Für welche Tätigkeiten interessiert ihr euch? Und warum?
Sprecht darüber.

Beschreiben und erklären

Eine Person in Berufsbekleidung beschreiben

1 **a** Sieh dir die Abbildungen an.
Lucy (28 Jahre) und Vincent (31 Jahre) sind Konditorin und Konditor.

b Füge die Informationen über sie aus dem Kasten in die Mindmap ein.

die Kochmütze • ~~die farbigen Paspeln (Ränder) und Knöpfe~~ • ~~die Kochjacke~~ • die Hose • die flachen Schuhe • die Einweghandschuhe • weiße Kleidung
Wirkung: zweckmäßig • ~~professionell~~ • hygienisch

Lucy als Kondtorin / Vincent als Konditor

die Berufsbekleidung
- die Kochjacke
- ______
- ______
- ______

die Farben
- die farbigen Paspeln (Ränder) und Knöpfe
- ______

das Haar
- vollständig von einer ______ bedeckt

die Wirkung
- professionell
- ______
- ______

2 Lucys Praktikant Cem soll die Berufskleidung für seine Praktikumsmappe beschreiben. Beschreibe Lucy in ihrer Berufsbekleidung in einem zusammenhängenden Text. Die Abbildung und die Mindmap auf der Seite 60 helfen dir dabei.

Während meines Praktikums ist Lucy für mich verantwortlich.

Sie ist ________ Jahre alt und von Beruf ______________________________.

Als Konditorin trägt sie Berufsbekleidung in ______________________________ Farbe.

Auf dem Kopf befindet sich eine ______________________________.

Zu ihrer Berufsbekleidung gehört eine ______________________________ und

______________________________.

Während der Arbeit trägt Lucy an den Händen ______________________________.

Die Schuhe sind ______________________________. So kann sie lange stehen.

Ihre Berufsbekleidung ist zweckmäßig und ______________________________.

Insgesamt sieht Lucy in ihrer Berufsbekleidung ______________________________ aus.

3 Beschreibt Vincent in seiner Berufsbekleidung in Partnerarbeit. Nutzt dafür die Mindmap auf der Seite 60 und die Ergebnisse von Aufgabe 2.

Eine Person in ihrer Berufsbekleidung beschreiben

- **Einleitung:** Macht zu Beginn **allgemeine Angaben** zur Person wie Berufsbezeichnung und Alter.
- **Hauptteil:** Beschreibt das **Aussehen** der Person in ihrer Arbeitskleidung genau und in geordneter **Reihenfolge,** zum Beispiel von Kopf bis Fuß: Sie trägt eine Kochmütze.
- **Schluss:** Formuliert, wie die Person auf euch wirkt.
- Schreibt im Präsens.

Einen Arbeitsplatz in seiner Funktion beschreiben

1 Sieh dir den Arbeitsplatz eines Bäckers genau an.

2 Beschreibe den Arbeitsplatz mit Hilfe des Bildes in einem zusammenhängenden Text.

Der Arbeitsplatz des Bäckers ist zweckmäßig eingerichtet. Hier wird Kleingebäck, wie zum Beispiel Zimtschnecken, fertiggestellt.

Im Vordergrund sind auf der linken Seite das ______________________ und die ______________________. Dahinter befinden sich die ______________________, die ______________________ und die ______________________.

In der Mitte befindet sich die ______________________.

Auf der Fensterbank steht die ______________________.

Im Hintergrund sind links der ______________________, in der Mitte der ________ ______________________ und auf der rechten Seite der ______________ ______________________.

Arbeitsabläufe beschreiben und erklären

1 Sieh dir die Abbildungen an.

Die Ausrüstung und die Geräte reinigen

Den Arbeitsbereich reinigen

2 In einer Bäckerei entsteht während des Backens eine Menge schmutziges Geschirr. Alle verwendeten Geräte sowie der Arbeitsbereich müssen gereinigt werden.

a Beschreibt die Arbeitsabläufe auf dem linken Bild mündlich.

> verschmutzte Schüsseln, Teller stapeln • Rührhaken lösen • Eisportionierer hineinlegen • Geschirr geordnet in die Spülmaschine sortieren • Spülmaschinenpulver einfüllen • Programm auswählen und einschalten

b Beschreibt die Arbeitsabläufe auf dem rechten Bild mündlich.

> Arbeitsflächen gründlich reinigen • Boden fegen • den Boden mit dem Bodenwischer feucht reinigen • alles wieder an seinen Platz räumen

3 Beschreibe die Arbeitsabläufe auf dem linken Bild.

a Ergänze für die Einleitung folgenden Satzanfang.

Nach jedem Arbeitsvorgang werden die benutzten ______________________ gereinigt.

____

b Schreibe für den Hauptteil vollständige Sätze aus den Stichpunkten des Wortkastens von Aufgabe 2 a.
- Benutze dabei unterschiedliche Satzanfänge (als Erstes, danach, dann, zunächst, anschließend, zum Schluss).
- Verwende das Passiv (wird gestapelt, wird sortiert, wird eingefüllt, wird ausgewählt und eingeschaltet).

Als Erstes werden die verschmutzten Schüsseln und Teller neben der Spülmaschine

____.

Danach wird das Geschirr geordnet in die Spülmaschine ______________________.

____

____

Sich für ein Praktikum bewerben

Sich telefonisch über das Bewerbungsverfahren informieren

1 **a** Lies die Texte in den beiden Sprechblasen.

Hey, hallo, Nelli hier.
Ich hätte dann mal gerne die Person für die Praktikumsplätze.

Guten Morgen, hier spricht Tom Prest.
Ich interessiere mich für einen Praktikumsplatz in Ihrer Firma.
Könnten Sie mich bitte mit der zuständigen Person verbinden?

b Wer von den beiden hinterlässt einen besseren Eindruck?
Sprecht darüber.

Tom ist höflich und …

Nelli wirkt unvorbereitet …

2 **a** Lies den folgenden Anfang eines Telefongesprächs.
b Vervollständige die Sätze, mit denen Nelli ein höfliches Telefongespräch führen kann.

ein Praktikum bei Ihnen machen kann • Vielen Dank! • zu einem Praktikumsplatz

Herr Neri: Hotel Lindenburg. Sie sprechen mit Herrn Neri. Was kann ich für Sie tun?

Nelli: Hallo! Mein Name ist Nelli Michel. Ich hätte eine Frage ______________________

____.

Herr Neri: Hallo Nelli. Worum geht es genau?

Nelli: Mich würde interessieren, ob ich im Herbst ______________________

____.

Herr Neri: Ich verstehe. Bleiben Sie dran, ich verbinde Sie mit Frau …

Nelli: ____!

3 Führt das Telefongespräch in einem Rollenspiel durch.

Einen Lebenslauf schreiben

1 **a** Lies den Lebenslauf von Tom.

1 Lebenslauf

2 ______________________

Name:	Tom Prest
Anschrift:	Steinstr. 26 12345 Tulping
Telefon:	01XX-678910XX
E-Mail:	tom.prest@beispiel.de
Geburtsdatum:	23.08.2008
Geburtsort:	Tulping

3 ______________________

seit 2016:	Sekundarschule Tulping
2012–2016:	Paul-Klee-Grundschule, Tulping

4 ______________________

Sprachkenntnisse:	Englisch und Französisch (gute Schulkenntnisse)
PC-Kenntnisse:	sehr gute Kenntnisse der Bildbearbeitung mit Photoset, Grundlagen der Textverarbeitung
Hobbys:	Fotografieren, Rollhockey, Judo

Tulping, den 24.04.20XX
Tom Prest

b Ordne die folgenden Überschriften den Lücken im Lebenslauf zu.

Besondere Kenntnisse • ~~Lebenslauf~~ • Persönliche Daten • Schulbildung

2 Welche Vorteile bietet ein tabellarischer Lebenslauf für die Arbeitgeberin oder den Arbeitgeber? Erklärt.
Tipp: Der Wortkasten hilft euch dabei.

kurz • übersichtlich • wichtige Informationen auf einen Blick

3 Schreibe einen eigenen Lebenslauf in dein Heft.
Orientiere dich dabei an Toms Lebenslauf.

Ein Bewerbungsschreiben untersuchen

1 Lies Evas Bewerbung auf einen Praktikumsplatz.

❶ Eva Blume
Gärtnereistr. 7
40011 Düsseldorf
Eva.blume@beispiel.de

→ die Absenderin

❷ FESTERIA
z. Hd. Frau Clemens
Ballonstr. 26
40022 Düsseldorf

→ ______

❸ Düsseldorf, 25.01.20XX → ______

❹ **Bewerbung für ein Schulbetriebspraktikum im Büromanagement vom 15.03. bis 26.03.20XX** → ______

❺ Sehr geehrte Frau Clemens, → ______

❻ auf der Internetseite „schulpraktikum.example.net" habe ich Ihre Anzeige mit großem Interesse gelesen. In meinem zweiwöchigen Schulpraktikum würde ich gern den Bereich des Büromanagements kennenlernen. → ______

Ich bin 14 Jahre alt und besuche die Sekundarschule in Düsseldorf.
Mein Lieblingsfach ist Informatik. Mit dem Programm Word bin ich vertraut und habe insgesamt gute Computerkenntnisse.

In meiner Freizeit spiele ich Volleyball im Verein und bin dort sehr engagiert. Ich möchte mich gern weiterentwickeln und neue Erfahrungen sammeln.

Über eine Einladung zu einem Vorstellungsgespräch würde ich mich sehr freuen.

❼ Mit freundlichen Grüßen → ______
❽ Eva Blume → ______

❾ Anlagen: Lebenslauf, Zeugnis der 7. Klasse → ______

2 Untersuche den Aufbau von Evas Bewerbungsschreiben.
Ordne die Begriffe dem Brieftext zu. Schreibe auf die Linien.

der Brieftext • die Empfängerin • die Betreffzeile • ~~die Absenderin~~ • der Ort und das Datum • die Anrede • die Grußformel • die Unterschrift • die beigefügten Dokumente

Eine Bewerbung auf einen Praktikumsplatz schreiben

1 Wo würdest du gern ein Praktikum machen?

a Informiere dich im Internet über mögliche Praktikumsbereiche
- auf der Website von Firmen in eurer Umgebung.
- auf der Website zum Girls' Day oder Boys' Day.

b Notiere deine Ergebnisse.

2 **a** Welche Fähigkeiten kannst du ins Praktikum einbringen?
Notiere deine Stärken.
Tipp: Die Begriffe im Wortkasten können dir helfen.

die Teamfähigkeit • die Zuverlässigkeit • die Pünktlichkeit • die Geschicklichkeit • die Mehrsprachigkeit • die Geduld • die Kreativität • die Selbstständigkeit • die Sportlichkeit • der Lernwille • die Ausdauer • die Genauigkeit

b Welche Fähigkeit kann dir in deinem Wunschpraktikum von Nutzen sein?
Finde für eine deiner Fähigkeiten Situationen in deinem Alltag.
Zum Beispiel: Zu Hause trage ich Verantwortung für …
Meine Pünktlichkeit zeigt sich in …
In der Garten AG zeigt sich meine Geschicklichkeit, wenn …

3 Schreibe ein Bewerbungsschreiben für dein Wunschpraktikum in dein Heft.
Orientiere dich dabei an dem Aufbau von Evas Bewerbungsschreiben.
- Formuliere in der Einleitung, warum du dich auf diesen Praktikumsplatz bewirbst.
- Stelle dich im Hauptteil dem Unternehmen vor.
  Nutze die Arbeitsergebnisse aus Aufgabe 2.

Einen Tagesbericht schreiben

1 Lies den Anfang eines Tagesberichts.

> Montag, 15.03.20XX
> Pünktlich um 8 Uhr begann mein erster Praktikumstag. Meine Vorgesetzte Frau Clemens begrüßte mich und stellte mir die anderen Mitarbeiter vor. Meine erste Aufgabe bestand darin, an der Kasse zu kontrollieren, ob genügend Papiertüten und Einpackpapier bereitlagen. Das muss jeden Morgen gemacht werden. Als wir damit fertig waren, wurde die Ladentür aufgeschlossen.

2 **a** Lies den weiteren Tagesablauf in tabellarischer Form.

8:30 Uhr	– im Ladenlokal mit Frau Clemens Regale kontrolliert – neue Ware (Notizbücher, Postkarten, Kerzen) einsortiert
9:30 Uhr	– im Lager Tischkarten, Tischdecken und Servietten in Transportkisten gepackt – in die Veranstaltungshalle gebracht
10:30 Uhr	– im Verkaufsraum mit den Azubis Luftballons mit Helium befüllt
13 Uhr	Mittagspause
14 Uhr	– mit Frau Clemens im Büro Rechnungen geordnet und abgeheftet – Lieferscheine geprüft
16 Uhr	Feierabend

b Setze den Tagesbericht fort. Schreibe weiterhin sachlich und im Präteritum. Nutze die Angaben aus der Tabelle.

Um 8:30 Uhr kontrollierte ich im Ladenlokal mit Frau ______________________

Dann sortierte ich ______________________

Um 9:30 Uhr packte ich ______________________

____

Anschließend ______________________

Danach ______________________

____

Um 13 Uhr ______________________

Nach der Mittagspause ______________________

____

Um 16 Uhr hatte ich dann ______________________

4 Ich rede, wie ich will!? – Situationsgerecht kommunizieren

Ich würde dich gern bitten, dieses Regal mit Nudeln aufzufüllen.

…

Hilf mir mal und stell die Nudeln dort rein!

…

1 Beschreibt die Fotos A und B:
Wer ist zu sehen? Wo sind die Personen? Was tun sie?

2 Wie könnte die Praktikantin auf die Bitten der Verkaufsstellenleiterin (A) und des Auszubildenden (B) jeweils reagieren?
Formuliert zwei passende **Antworten.**
A Verkaufsstellenleiterin: Ich würde dich gern bitten, dieses Regal mit Nudeln aufzufüllen.
Praktikantin: …
B Auszubildender: Hilf mir mal und stell die Nudeln dort rein!
Praktikantin: …

3 In welchen Situationen habt ihr über gleiche Dinge auf unterschiedliche Weise gesprochen? Berichtet davon.
Tipp: Denkt an Situationen in der Schule oder in eurer Freizeit.

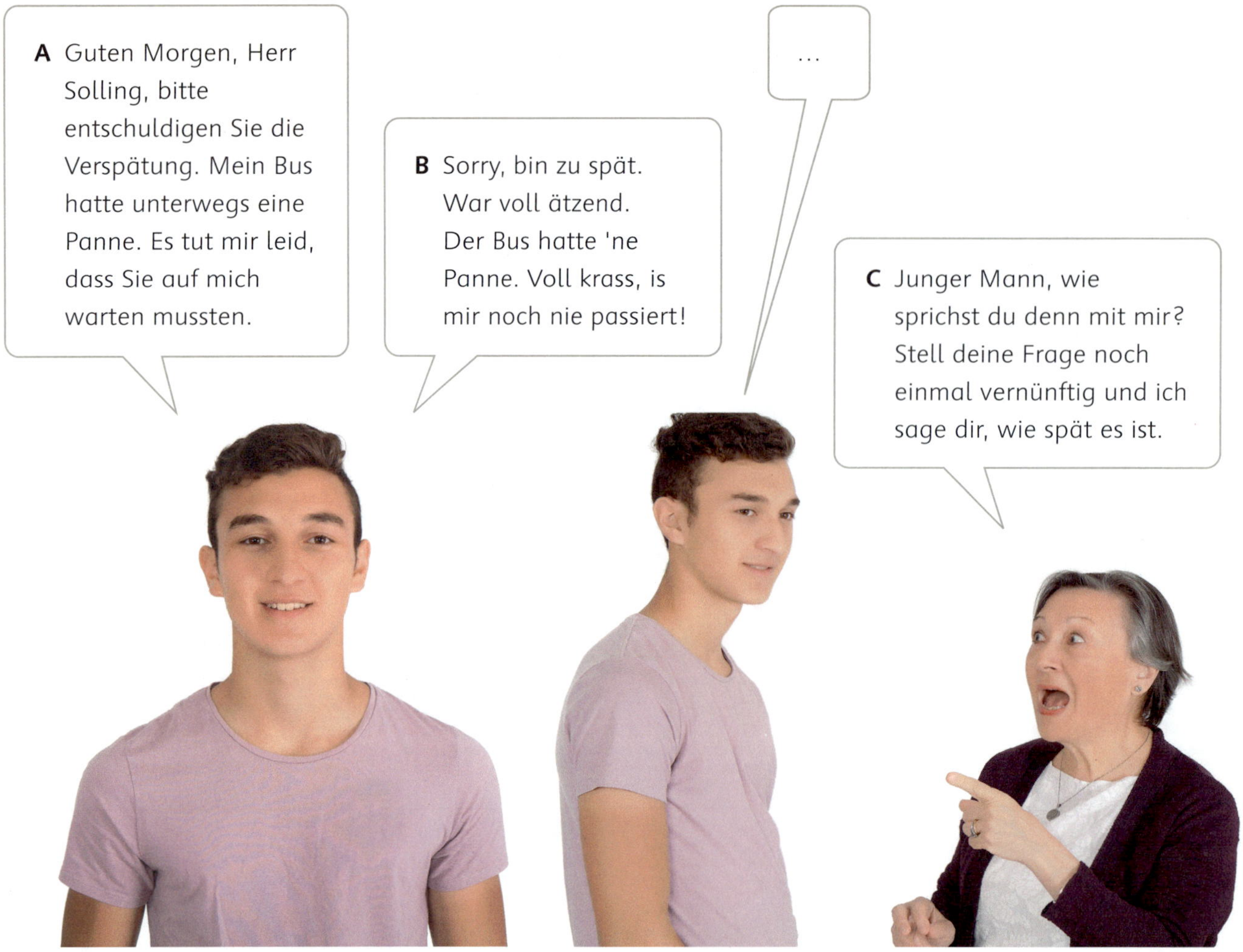

1 **a** Sieh dir die Fotos an.
Wie könnten sich der Junge und die Frau fühlen?
b Lest die **Aussagen A bis D** laut vor.
Achtet auf passende Gesichtsausdrücke.

ängstlich • ärgerlich • aufgeregt • fröhlich • beschämt • besorgt • eingeschüchtert • empört • ernsthaft • lebendig • misstrauisch • überrascht

2 Mit wem spricht der Junge in **A, B und D** jeweils? Schreibe auf.

In A spricht der Junge vielleicht mit ______________________.

In B spricht der Junge vermutlich mit ______________________.

In D spricht der Junge bestimmt mit ______________________.

3 **a** Wie hat der Junge die Frau in **C** wohl nach der Uhrzeit gefragt?
Formuliert mündlich eine Frage.
b Wie kannst du **höflich** nach der Uhrzeit fragen? Schreibe auf.

Entschuldigen Sie, ______________________.

E Moin Herr Bürgermeister,
die neue Straße ist voll gefährlich! Ich stehe stundenlang an der Straße und hab keine Chance rüberzukommen. Eine Ampel oder ein Zebrastreifen wäre echt hilfreich!
Gruß
Theo

D Der Ausflug gestern mit meinen Bros war megacool! Wir war'n Minigolf spielen, voll nice. Hab zwar fast jeden Schlag verkackt. Trotzdem echt funny. Musst du auch mal probieren!

F Sehr geehrter Herr Bürgermeister,
seitdem die neue **Schnellstraße** an unserem Haus entlangführt, ist mein Schulweg viel **gefährlicher** geworden.
Ich möchte deshalb darum bitten, dass über eine **sichere** Möglichkeit der Überquerung nachgedacht wird, beispielsweise über die Installierung einer **Ampel** oder eines **Zebrastreifens**.

Vielen Dank für Ihre Mühe.

Mit freundlichen Grüßen
Theo Tiefsinn

4 **a** Worüber beschwert sich der Schüler in **E und F**? Fasst in **eigenen Worten** zusammen.

Theo beschwert sich …

b Wie unterscheiden sich die **Beschwerdebriefe E und F**? Zeichne die Tabelle in dein Heft und ergänze.

lockere Verabschiedung • die Fachsprache • die Jugendsprache • sachlich • unhöflich • höfliche Verabschiedung

Beschwerdebrief E	Beschwerdebrief F
– lockere Anrede …	– höfliche Anrede …

c Welchen Brief sollte der Schüler abschicken, **E oder F**? Ergänze den Satz und begründe.

Er sollte Brief ______ abschicken, da ______________________________

____.

Öffentlich und privat sprechen und schreiben

Die Sprachebenen unterscheiden

A

Ärztin: Wir müssen die dritten Molaren entfernen. Das ist eine Routineoperation mit Lokalanästhesie.
Lina: Wird das wehtun?

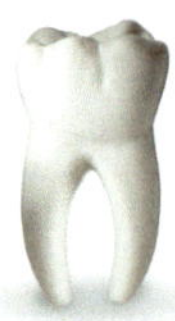

C

Lina: Bin zurück vom Doc. Die wolln mir Zähne ziehn!!! OMG!

Liz: Shit! Wann???

Lina: Kp muss Termin machen

Liz: Hatte mein Bro auch

Lina: Und???

Liz: Lebt noch!

E

Gönül: Was hast du zum Aufbau des Gebisses gelernt?
Ali: Also, als Gebiss bezeichnet man die Gesamtheit aller Zähne in der Mundhöhle. Das Gebiss eines erwachsenen Menschen besteht aus 32 Zähnen. Diese verteilen sich zu gleichen Teilen auf den Ober- und den Unterkiefer.

1 a Lest die **Dialoge A, C und E** mit verteilten Rollen.
b Ordne die Sprachebenen den **Dialogen A, C und E** zu.
Tipp: Lies dir zuerst den Informationskasten zu den Sprachebenen durch.

die Bildungssprache • die Chatsprache • die Fachsprache

A ____________ C ____________ E ____________

2 Untersuche die Merkmale der Sprachebene in dem **Dialog E**.
Kreise passende Merkmale ein.

vollständige Sätze • unvollständige Sätze • kurze Sätze • längere Sätze • Fachwörter • Abkürzungen • Emojis • korrekte Grammatik

Die Sprachebenen
- Die **Standardsprache** (auch Hochdeutsch) verwendet man im Schriftlichen und beim öffentlichen Sprechen mit Fremden oder Respektspersonen.
- Eine Form der Standardsprache ist die **Bildungssprache,** die ihr im Unterricht verwendet.
- Die **Fachsprache** mit Fachwörtern verwenden Expertinnen und Experten für ihr Fachgebiet.
- Die **Umgangssprache** verwendet man beim privaten Sprechen mit Familienmitgliedern, Bekannten, Freundinnen und Freunden.
  Eine besondere Form der Umgangssprache ist die **Jugendsprache.**
- Die **Chatsprache** nutzt man online in Internetforen und Chats.

Sich angemessen beschweren

Boah, wir haben wieder so viele Hausaufgaben auf und schreiben nächste Woche drei Arbeiten!

Beschwert euch doch bei eurem Klassenlehrer. Vielleicht kann der was machen?

Meinste? Was soll der denn tun?

1 **a** Lest das Telefonat mit verteilten Rollen.
b Setzt das Gespräch fort:
Was könnte der Klassenlehrer tun?

Vielleicht könnte Herr Foltin die Mathelehrerin fragen, ob …

Welchen Rat würdet ihr dem Schüler geben?

2 Habt ihr euch schon einmal über etwas beschwert?
Berichtet von euren Erfahrungen.

3 Stellt euch vor, der Schüler oben bittet den Klassenlehrer um ein Gespräch.
a Bereitet das Gespräch zu zweit vor.
– **Warum** beschwert er sich?
Ich wende mich an Sie, weil …
– **Was** könnte der Schüler fordern?
Ich schlage vor, dass …
– **Wie** könnte der Lehrer reagieren?
Das ist eine gute Idee …

b Wie sollte der Schüler mit dem Lehrer sprechen?
Worauf sollte er achten?
Kreise ein.

du • Sie • nicht angucken • langsam und deutlich sprechen • Umgangssprache • Standardsprache

c Tragt das Gespräch der Klasse vor.

Hallo, Herr Foltin,
darf ich kurz mit Ihnen sprechen?
…

Sich angemessen entschuldigen

Hallo Frau Neumann,
sorry für den kaputten Blumenkübel.
War echt nicht mit Absicht!
Viele Grüße
Eddie und Leonie

1 **a** Betrachte den Zettel und das Bild.
b Beschreibt die Situation: **Was ist passiert?**
c Frau Neumann **beschwert** sich bei Eddies und Leonies Eltern über den Zettel. Wieso? Sprecht darüber.

2 **a** Verbinde die Satzanfänge mit den passenden Satzenden.

A Als wir vorhin auf dem Hof Fußball gespielt haben,	**1** ihre Blume dabei abgeknickt ist.
B Dabei ist der Blumenkübel	**2** wir einen neuen Kübel und eine neue Blume kaufen.
C Es tut uns sehr leid, dass	**3** ob dies so für Sie in Ordnung ist.
D Wir bieten Ihnen an, dass	**4** ist unser Ball gegen den Blumenkübel gekommen.
E Bitte sagen Sie uns Bescheid,	**5** Eddie und Leonie Herder
F Mit freundlichem Gruß	**6** leider kaputtgegangen.

b Schreibe den vollständigen Brief in dein Heft.
Beginne mit einer selbst gewählten Anrede, zum Beispiel:
Sehr geehrte Frau ...

Sich angemessen entschuldigen
Wenn ihr euch für etwas entschuldigen möchtet, solltet ihr das Folgende beachten:
- Beschreibt, **was passiert ist,** und macht deutlich, **dass euch das leidtut.**
- Formuliert eine **Entschuldigung** und bietet eine **Wiedergutmachung** an.
  Beispiel: Ich habe dein Buch bespritzt. Das tut mir leid, bitte entschuldige!
  Ich wische das gleich weg.
- Wenn ihr euch an Erwachsene wendet, solltet ihr die **Sie-Form** und **Standardsprache** verwenden.
  Beispiel: Ich habe ein Glas zerbrochen. Das tut mir leid. Bitte entschuldigen Sie.

Kommunikationsstörungen erkennen

1 **a** Beschreibt die Situation im Cartoon.
b Erklärt das Missverständnis:
– Was meint der Vater mit seiner Frage vermutlich?

Er möchte sagen, dass …

– Wie versteht der Sohn die Frage?

2 Wie geht das Gespräch zwischen Vater und Sohn vermutlich weiter? Setzt es im Heft fort.
„Werde nicht frech …"

3 Aussagen haben verschiedene Ebenen: die Sachebene, die Appellebene und die Beziehungsebene.
a Lies zuerst den Informationskasten am Ende der Seite.
b Verbinde nun die Aussagen mit der passenden Ebene.
Nutze dafür verschiedene Farben.
Tipp: Jede Ebene muss mit drei Aussagen verbunden werden.

Sachebene

Appellebene

Beziehungsebene

Es gibt Nudeln.
Binde deinen Schuh zu.
Ich achte auf dich und möchte nicht, dass du fällst und dir wehtust.
Der Schnürsenkel ist offen.
Das Zimmer ist unordentlich.
Räume dein Zimmer auf.
Ich mag nicht, dass du ständig Nudeln kochst.
Koche etwas anderes.
Mir ist wichtig, dass du dein Zimmer aufräumst.

Sachebene, Appellebene und Beziehungsebene von Aussagen
Was man sagt, hat oft eine Sachebene, eine Appellebene und eine Beziehungsebene, Beispiel: „Die Milch steht noch auf dem Tisch."
– **die Sachebene:** Der Sprecher gibt an, wo sich die Milch befindet.
– **die Appellebene:** Stell die Milch zurück in den Kühlschrank!
– **die Beziehungsebene:** Ich ärgere mich über dich, weil du wieder vergessen hast, die Milch in den Kühlschrank zu stellen.
Missverständnisse entstehen, wenn der Zuhörer etwas anders deutet, als der Sprecher es gemeint hat.

Wortbedeutungen untersuchen

Die Bedeutungen von Wörtern erklären

A Tom? Das ist ein **feiner Kerl**, auf den kann man sich voll verlassen.

B Wie wir so sind? Teenager halt!

C Lina? Das ist 'ne **echte Tussi.** Bei der dreht sich alles ständig nur um ihre Frisur.

D Tom, der Nachbarsjunge? Der **alte Bengel** geht mir auf die Nerven mit seinem Lärm, den er Musik nennt.

E Was für eine nette **junge Dame!** Sie grüßt mich jeden Morgen so freundlich.

1 **a** Beschreibt die beiden Jugendlichen auf dem Foto. Wie wirken sie auf euch?

b Lies die Aussagen **A bis E** zu den Jugendlichen.

c Wer könnte das so gesagt haben? Sprecht darüber.

Nachbarin oder Nachbar • Freundin oder Freund • Schwester oder Bruder • Mitschülerin oder Mitschüler • Bekannte oder Bekannter • Tom oder Lina

2 Wofür stehen die Bezeichnungen?

a Ergänze die Erklärungen.

Bezeichnung	+ / –	Erklärung
feiner Kerl	+	Junge oder Mann, der
alter Bengel		Junge, der
echte Tussi		Mädchen, das
junge Dame		Mädchen, das

b Bei welcher Bezeichnung wird der Junge / das Mädchen positiv (+) beschrieben? Bei welcher negativ (–)?
Ergänze das **passende Symbol** (+ / –) in der Tabelle.

Fremdwörter verstehen

1 **a** Lies den Text.

Ich will so sein wie … alle!

Jugendliche von heute wollen in der Masse verschwinden.

Mainstream ist „in". Teenager von heute wollen nicht groß auffallen, sie wollen durch Musikgeschmack oder Kleidungsstil keine Provokation auslösen. Vielmehr ist es unter Jugendlichen populär geworden, in der breiten Masse abzutauchen. Auf der anderen Seite zeigen die Jugendlichen von heute wieder mehr politisches Engagement. Sie suchen immer häufiger die Diskussion mit Vertretern aus Politik und Wirtschaft und setzen sich öffentlich für den Klimaschutz und den effizienten Umgang mit Ressourcen ein. Untersucht man die Werte, die für Jugendliche eine wichtige Rolle spielen, kommt es zu keiner Überraschung: Weit oben auf der Liste der Prioritäten stehen unverändert Freundschaft, Familie, Sicherheit sowie Toleranz und Respekt vor Gesetz und Ordnung.

b Was bedeutet **in der breiten Masse abtauchen** (Zeile 4)?
Sprecht darüber.
Tipp: Eine Erklärung findet ihr in der 1. Zeile vom Text.

2 Was bedeuten die grün markierten Fremdwörter im Text?

a Wähle **drei markierte Wörter** aus.
Schlage ihre Bedeutung im Wörterbuch oder im Online-Wörterbuch nach.

b Schreibe die Wörter und ihre Bedeutung auf.

1. ______________________________

2. ______________________________

3. ______________________________

3 Was kann man tun, wenn man ein Wort nicht versteht?
Überlege dir **zwei Tipps**. Schreibe sie auf.

nachschlagen • nachfragen • Wörterbuch • Lehrerin oder Lehrer

____

____

Fremdwörter

Fremdwörter sind Wörter, die **aus anderen Sprachen** kommen. Sie behalten ihre **Schreibweise** und ihre **Aussprache** weitgehend bei. Fremdwörter werden häufig verwendet, weil es für sie **kein einfaches deutsches Wort** gibt.
Beispiel: der Scanner
Oder weil sie **modern oder professionell** klingen.
Beispiele: favorisieren statt bevorzugen, News statt Neuigkeiten

Wörter nach ihrer Bedeutung ordnen

1 a Lies den Text.

Fußball, Yoga, Musikunterricht – so aktiv sind Teenager

Auf der faulen Haut liegen war gestern. Jugendliche sind aktiver als je zuvor.

Was machen Teenager heutzutage in ihrer Freizeit? Die wenigsten Jugendlichen gehen nur einer Freizeitbeschäftigung nach, der Großteil ist mehrere Nachmittage in der Woche mit verschiedenen Aktivitäten beschäftigt, sowohl indoor als auch outdoor. Die 14-jährige Ann erzählt: „Montags und donnerstags habe ich Reitstunden, am Dienstag gehe ich zur freiwilligen Feuerwehr und am Freitag bin ich beim Buchclub in unserer Bücherei." Auch Fredo ist häufig unterwegs. Am Wochenende stehen immer Fußballspiele auf dem Plan, unter der Woche geht er immer mittwochs zum Training und jeden zweiten Nachmittag übt er Gitarre. Viele Mitschüler nehmen noch an einer Arbeitsgemeinschaft in der Schule teil. Letje erzählt: „Ich habe schon viele AGs belegt, zum Beispiel Breakdance, Zeichnen, Schach. Gerade mache ich in der AG Geocaching mit. Das ist cool, wie Schatzsuche!" Jona hat vor zwei Jahren an der Yoga-AG der Schule teilgenommen. Das hat ihm so viel Spaß gemacht, dass er nun zweimal in der Woche Yoga trainiert. „Dabei kann ich nach einem stressigen Schultag voll gut abschalten", berichtet er. Frau Zehner, die Klassenlehrerin der 8a, ist voller Bewunderung für ihre Klasse: „Das Vorurteil, dass die Jugendlichen in der Freizeit nur am Handy oder vor dem PC hängen und kaum rausgehen, trifft auf meine Klasse ganz und gar nicht zu. Wir wollen bald neue Sportarten ausprobieren, vielleicht Wikingerschach oder Slacklining."

b Erklärt die **Bedeutung** der Fremdwörter indoor und outdoor (Zeile 4).

2 Erstelle mit Informationen aus dem Text eine Übersicht über mögliche Freizeitbeschäftigungen.

a Markiere alle genannten Freizeitbeschäftigungen.

b Zeichne die Übersicht in dein Heft.

c Ergänze die Übersicht mit den markierten Freizeitbeschäftigungen.

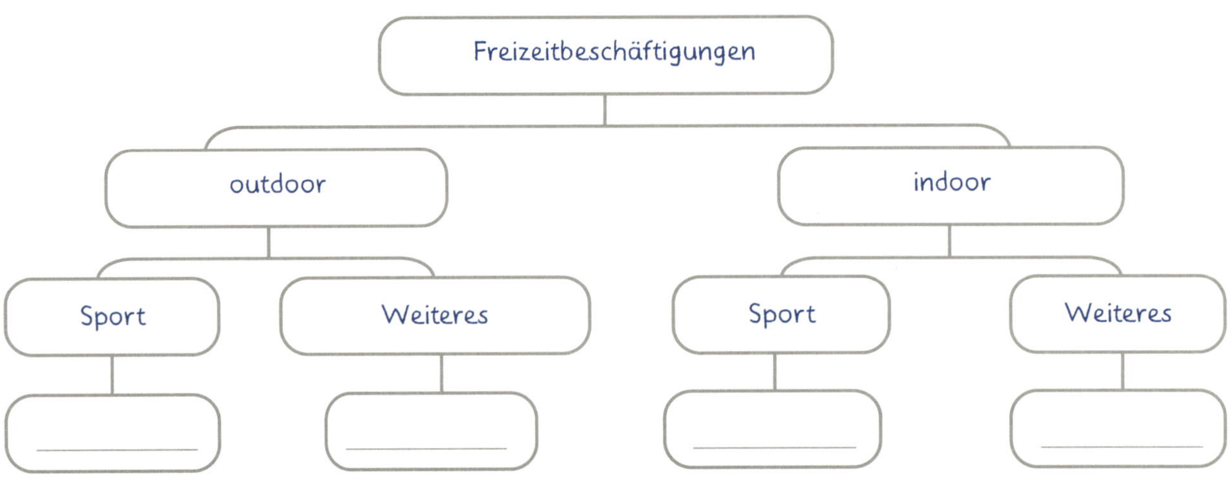

d Was machst du in deiner **Freizeit?** Ergänze die Übersicht.

5 „Der Schimmelreiter“ – Eine Novelle lesen und verstehen

„Ich hörte nichts […]. Aber ich glaubte, eine dunkle Gestalt zu erkennen. Und als sie näher kam, sah ich sie: Die Gestalt saß auf einem Pferd. Es war ein magerer Schimmel.“ V

1 Wie wirkt das Bild auf euch?
Beschreibt die Atmosphäre (die Stimmung) mit passenden Adjektiven.

fröhlich • beängstigend • bedrohlich • heiter • geisterhaft • unbeschwert • unheimlich

2 **a** Lies das Textzitat.

b Wer könnte die Gestalt auf dem weißen Pferd sein?
Sprecht über eure Vermutungen.

ein reicher Mann • ein Mann mit bösen Absichten • ein Graf • ein Mann mit einer schweren Aufgabe • ein Verfolgter

3 Was wisst ihr über das Leben am Meer?
Was kann für die Menschen dort gefährlich sein?
Berichtet.

das Wetter • die hohen Wellen • der Nebel • der Sturm

1 **a** Wie sieht die Deichlandschaft an der Nordsee aus?
Beschreibt dies einer Partnerin oder einem Partner mit Hilfe der Abbildung.

An der Nordsee ist …

Eine kleine Insel heißt an der Nordsee …

Der Deich ist direkt am …

b Welche Begriffe lassen sich mit Hilfe der Abbildung erklären?
Sucht drei Begriffe aus und erklärt sie euch.
Tipp: Ihr könnt die Begriffe auch in einem Wörterbuch oder im Internet suchen.

der Deich • das Wattenmeer • die Ebbe • die Flut • die Marsch •
die Hallig • der Koog • die Warft • das Siel (die Schleuse) • der Priel

2 Schreibe die Bedeutung von drei Begriffen aus dem Wortkasten auf.

A „Der Regen strömte, der Wind pfiff, aber seine dünne Gestalt saß auf dem feurigen Schimmel und tauchte immer wieder aus den Menschenmassen auf. Diese Menschen waren neben der großen Lücke des Deichs beschäftigt.“ V

B „Wieder kamen neue Karren, und Hauke war schon wieder oben und sah von seinem Schimmel zu, wie sie die Erde schaufelten. Dann schaute er auf das Meer. Es wehte ein scharfer Wind. Er sah das Wasser immer mehr am Deich hinaufkommen. Und er sah, wie die Wellen sich noch höher hoben.“ V

3 a Lies die **Textzitate A und B** über die Hauptfigur der Novelle **Der Schimmelreiter.**

b Welche Aufgaben hat die Hauptfigur – der Reiter auf dem Deich? Markiere deine Vermutungen.

die Arbeiten am Deich planen • die Arbeit anderer Menschen überwachen • die Arbeiter antreiben • die Menschen schützen • den Deich bauen • den Deich reparieren

c Schreibe die Vermutungen auf.

Der Reiter am Deich hat die Aufgaben,

.

d Wie wirkt die Figur auf dich? Markiere Aussagen über das Aussehen und den Charakter des Reiters.

dünn • groß • konzentriert • eigenwillig • fleißig • einsam • mutig • verträumt • schüchtern • unabhängig • abweisend • ehrgeizig • zielstrebig • zufrieden

Auszüge aus einer Novelle untersuchen

Den Schauplatz und die Erzählweise untersuchen

1 Lies den Auszug 1 aus der Novelle **Der Schimmelreiter.**

Theodor Storm

Der Schimmelreiter (Auszug 1)

Der Schriftsteller Theodor Storm (1817–1888) wurde in der norddeutschen Stadt Husum geboren. Er kannte die Nordseeküste und ihre Gefahren seit seiner Kindheit. Die Novelle vom Schimmelreiter ist sein berühmtestes Werk. Zu Beginn berichtet ein Ich-Erzähler in einem Gasthaus von einer gruseligen Begegnung auf dem Deich. Ein alter Lehrer erzählt ihm dann von einem Mann, der vor langer Zeit in der Gegend neue Bauweisen im Deichbau eingeführt hat.

An einem Oktobernachmittag ritt ich auf einem nordfriesischen Deich entlang. Es herrschte starkes Unwetter. Links von mir befand sich die öde Marschlandschaft. Rechts lag das Wattenmeer der Nordsee bedrohlich nah. Eigentlich sollte man vom Deich aus auf Halligen und Inseln sehen können. Aber ich sah nichts als die gelbgrauen Wellen. Sie schlugen ständig wütend an den Deich [...]. Es war eiskalt. [...] Inzwischen war es so finster, dass ich kaum noch die Hufe meines Pferdes erkennen konnte [...]. Ich hörte das Geschrei der Vögel [...], das Toben von Wind und Wasser. Ich wünschte mir eine sichere Unterkunft. [...]

Plötzlich sah ich im Mondlicht eine dunkle Gestalt auf mich zukommen. Sie saß auf einem Pferde, einem hochbeinigen hageren Schimmel. Ein dunkler Mantel flatterte um ihre Schultern, und im Vorbeifliegen sahen mich zwei brennende Augen aus einem bleichen Gesicht an. Wer war das? [...] Mir fiel auf, dass ich weder Hufschlag noch Pferdekeuchen gehört hatte. Dabei waren Pferd und Reiter doch dicht an mir vorbeigekommen! [...] Aber ich hatte keine Zeit, darüber nachzudenken. Schon galoppierte die dunkle Gestalt von hinten wieder lautlos an mir vorbei. Mir war, als streifte mich der fliegende Mantel. Dann war's, als sähe ich plötzlich ihren Schatten an der Landseite des Deiches. Etwas zögernd ritt ich hinterher. [...] Das Wasser war sehr ruhig; der Reiter konnte es nicht getrübt haben. Ich konnte ihn nicht mehr entdecken.

Aber dann sah ich plötzlich erfreut vor mir zerstreute Lichter heraufleuchten. Sie kamen aus den langgestreckten friesischen Häusern, die vereinzelt auf den Warften standen. Dicht vor mir [...] lag solch ein großes Haus. [...] Mein Pferd hatte mich schon von selbst vor die Tür des Hauses geführt. Ich sah, dass es ein Wirtshaus war [...]. So band ich mein Pferd an und überließ es dann dem Knecht, der mir beim Eintritt in den Flur entgegenkam.

So geht die Handlung weiter:
Der Ich-Erzähler betritt das Wirtshaus. Dort diskutieren gerade Männer, die für die Sicherheit der Deiche zuständig sind. Ihr Vorsitzender ist der Deichgraf. Er begrüßt den Erzähler freundlich und lädt ihn ein, sich zu ihnen zu setzen. Der Ich-Erzähler berichtet dem Deichgrafen von seiner unheimlichen Begegnung mit dem Schimmelreiter.

Plötzlich waren alle Gespräche verstummt. „Der Schimmelreiter!“, rief einer und ein Schrecken ging durch die Übrigen. […] „Verzeiht!“, sprach ich. „Was ist das mit dem Schimmelreiter?“ Ein kleiner hagerer Mann saß ein wenig gebückt in einem abgenutzten schwarzen Jäckchen da. […] „Unser Schulmeister wird Ihnen das am besten erzählen können“, sagte der Deichgraf mit lauter Stimme. […] „Das will ich gerne tun“, nickte der Alte, „aber es ist viel Aberglaube dabei.“ „Bitte lasst den nicht aus“, erwiderte ich. **Da begann der Alte: „Mitte des vorigen Jahrhunderts gab es hier einen Deichgrafen, der von Deich- und Sielsachen mehr verstand als Bauern und Hofbesitzer sonst. […]** V

2 **a** Der Anfang der Novelle hat zwei Schauplätze. Schreibe sie auf.
Tipp: Die farbigen Textstellen helfen.

1. Schauplatz: ______________________________

2. Schauplatz: ______________________________

b Ergänze zu jedem Schauplatz mindestens zwei Adjektive, welche die Atmosphäre des Ortes beschreiben. Nutze den Wortschatzkasten.

düster • feindselig • geheimnisvoll • unheimlich • gespenstisch • trostlos • gruselig • gemütlich • gesellig • friedlich • ruhig • seltsam • alltäglich

c Die Atmosphäre ändert sich durch den Wechsel des Schauplatzes.
Ergänze die Sätze.
Tipp: Der Wortschatzkasten kann dir helfen.

Zu Beginn der Novelle ist der Schauplatz eher ______________________________.

Es herrscht eine ______________________________ Atmosphäre.

Doch dann wechselt der Schauplatz.

Die Atmosphäre wird ______________________________.

3 Die Handlung wird von unterschiedlichen Erzählern erzählt.
Suche die **fett gedruckten Zeilen** im Text. Schreibe die Zeilennummern auf.
A Zu Beginn berichtet ein **Ich-Erzähler** von seiner Begegnung mit einem Reiter.

Zeilen: ____________________

B Ein weiterer Erzähler ist der **alte Lehrer**. Er erzählt, wer der Schimmelreiter war.

Zeilen: ____________________

Die Hauptfigur charakterisieren

1 **a** Lies den Auszug 2.

Theodor Storm

Der Schimmelreiter (Auszug 2)

Der ältere Lehrer erzählt dem Ich-Erzähler von Hauke Haien.
Hauke wuchs als Einzelkind bei seinem Vater auf. Schon früh interessierte sich der dünne blonde Junge für Mathematik. Er fand die niederländische Ausgabe eines Buches über den Mathematiker Euklid. Da brachte er sich die Sprache selbst bei, weil ihn Geometrie interessierte. In den Ferien arbeitete Hauke am Deich. Dort musste er schwere Holzkarren mit Erde beladen und auf den steilen Deich schieben.

Und der Junge karrte, aber den Euklid hatte er immer dabei. Und wenn die Arbeiter Pause machten und aßen, saß er auf seinem umgedrehten Schubkarren und las in dem Buch. Als im Herbst die Fluten höher stiegen und die Arbeit aufhörte, ging er nicht mit den anderen nach Hause. Er blieb am Deich sitzen und sah stundenlang den trüben Nordseewellen zu, wie sie immer höher an den Deich schlugen. [...]

Er sah nur die brandenden Wellen, die mit harten Schlägen immer wieder auf dieselbe Stelle trafen. Vor seinen Augen wuschen sie den steilen Deich aus. Nach langem Hinstarren [...] zeichnete er mit der Hand eine weiche Linie in die Luft, als ob er dem Deich damit einen sanfteren Abfall geben wollte. Wurde es so dunkel, dass er nichts mehr sehen konnte, stand er auf und trabte halb durchnässt nach Hause.

Als er so eines Abends zu seinem Vater in die Stube trat, fuhr dieser auf:
„Was treibst du draußen? Du hättest ja ersaufen können, die Wasser machen heute Löcher in den Deich." [...]
Hauke sah ihn an. „Ja", sagte er, „ich bin doch nicht ersoffen!"
„Nein", erwiderte der Alte nach einer Weile und sah ihm wie abwesend ins Gesicht – „diesmal noch nicht."
Da sagte Hauke: „Unsere Deiche taugen nichts!" [...]
Der Alte lachte ihm ins Gesicht. „Was denn, Junge? Du bist wohl das Wunderkind aus Lübeck!*"
Aber der Junge ließ sich nicht beirren. „Die Wasserseite ist zu steil", sagte er. „Wenn das Meer so hoch ansteigt, wie schon einmal, dann können wir auch hinterm Deich ersaufen!" [...]
„Nun", meinte der Alte und stieß ein Lachen aus, „du kannst ja vielleicht Deichgraf werden, dann mach sie anders!"
„Ja, Vater!" erwiderte der Junge.
Der Alte sah ihn an und schluckte ein paar Mal, dann ging er zur Tür hinaus.
Er wusste nicht, was er dem Jungen antworten sollte. V

* Das Wunderkind aus Lübeck war ein berühmter hochbegabter Junge. Er konnte schon mit zwei Jahren lesen.

b Beschreibe deinen Eindruck von dem Jungen Hauke.
Wie wirkt die Figur auf dich?
Streiche aus den Wortpaaren das Wort weg, das deiner Meinung nach **nicht** auf Hauke zutrifft.

sympathisch – unsympathisch • interessant – uninteressant • ungewöhnlich – gewöhnlich • klug – dumm

c Beende den Satz.
Verwende mehrere Begriffe aus dem Wortschatzkasten.

Ich finde den Jungen Hauke ______

______.

2 Plane eine Charakterisierung der Figur Hauke:
Notiere wichtige Eigenschaften in Stichpunkten.
Tipp: Beachte die farbigen Markierungen im Text.

Die äußeren Eigenschaften, Lebensumstände:

das Alter: Junge im Schulalter

das Aussehen: ______

die Familie: ______

______

die Lebensumstände: harte, körperliche Arbeit ______

______

______

Die inneren Eigenschaften:

die Interessen: ______

die typischen Verhaltensweisen: ______

______

______

die Eigenschaften: klug, ______

die Absichten und Ziele: ______

______

Den zentralen Konflikt einer Novelle verstehen

1 Lies den Auszug 3 als Graphic Novel*.

* sprich: Grafik Nowl, eine Erzählung als Comic gestaltet

Theodor Storm

Der Schimmelreiter (Auszug 3)

Nach seiner Schulzeit verlässt Hauke den Hof des Vaters. Er arbeitet nun als Knecht beim Deichgrafen Tede Volkerts. Die harte Arbeit auf dem Feld und im Stall fällt ihm schwer. Er versucht das durch Fleiß und gute Ideen auszugleichen.
Abends geht er nicht wie die anderen Knechte ins Gasthaus. Er beschäftigt sich lieber mit Mathematik und beobachtet das Meer. Der alte Deichgraf und seine Tochter Elke mögen Haukes Klugheit sehr.
Der Großknecht Ole Peters gibt Hauke die anstrengendsten und schmutzigsten Arbeiten auf dem Feld.

PETER JANSEN LÄSST SEIN VIEH AUF DEM DEICH GRASEN. UND TIMMO TÜNTJE HAT SEINE KLEIERDE NICHT GELIEFERT.
MACHT DENN HIER JEDER, WAS ER WILL?!
DAMIT IST JETZT SCHLUSS!
GLEICH MORGEN GIBST DU DEN BEIDEN BESCHEID!
JA, HERR.
ICH WÜRDE EUCH GERN NOCH MEINE PLÄNE FÜR DAS NEUE DEICHPROFIL ZEIGEN.
VERFLUCHT! GERADE JETZT SOLL ICH DIE KLEIERDE LIEFERN! HAB' SCHON SO VIEL ZU TUN... ALL DIE JAHRE HAT'S DEN DEICHGRAF NICH' GEKÜMMERT...
DA KANNST DU DICH BEI HAUKE HAIEN BEDANKEN! DER BRINGT DEN ALTEN AUF SO'NE IDEEN!
DAS SIND HERVORRAGENDE VORSCHLÄGE, LIEBER VOLKERTS!
ICH HOFFE NUR, DASS ICH IHRE AUSFÜHRUNG NOCH ERLEBEN DARF.
HAUKE, STELL DIR VOR, DER OBERDEICHGRAF WILL DEINE NEUEN PLÄNE UMSETZEN LASSEN. ER FINDET SIE HERVORRAGEND!
ICH GLAUBE, ELKE VERSTEHT MICH. UND SIE MAG MICH.

2 Beschreibe deinen ersten Eindruck von der Graphic Novel.
Kreuze an.
Mir gefällt …

- [ ] … der ursprüngliche Novellentext besser.
- [ ] … die Graphic Novel besser.

3 Beschreibe die Beziehung zwischen dem **Großknecht Ole Peters und Hauke.**
Welcher Konflikt besteht zwischen beiden Figuren? Beende die Sätze.
Tipp: Für die Sätze A und B lies noch einmal die farbig markierten Textstellen.

A Hauke mag den Großknecht Ole Peters nicht, denn ______________________________

____.

B Ole Peters ärgert sich über Hauke. Er denkt, dass sich Hauke ______________________

____.

C Deshalb hetzt Ole Peters ______________________________

______________________________ gegen Hauke auf.

Elke und ihren Vater •
die Dorfbewohner •
seine Freunde

4 Zeichne selbst ein Panel (Bild). Denke an die Umrahmung,
die Sprechblasen oder Gedankenblasen und an die Farben.
Tipp: Der Merkkasten unten auf der Seite hilft.

Mögliche Idee: Elke erzählt ihrem Vater von Haukes Rechenkünsten.

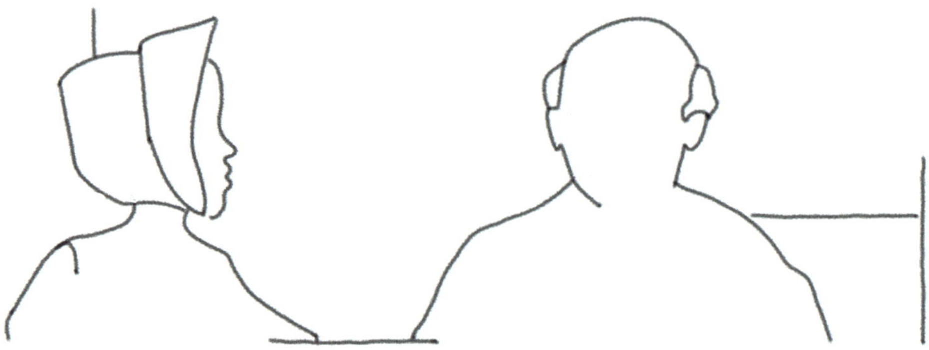

Die Graphic Novel
Graphic Novels sind **längere Erzählungen,** die als **Comic** gestaltet werden.
- **das Panel:** einzelnes Bild (mit Rahmen), je größer, desto wichtiger sein Inhalt
- **die Sprechblase:** zeigt, welche Figur was sagt
- **die Gedankenblase:** zeigt, welche Figur was denkt
- **die Farbgestaltung:** Farben (kräftig oder zart, bunt oder nur schwarz-weiß) geben die Stimmung vor

Einen Hörspielauszug untersuchen

1 a Lies Auszug 4 als Hörspieltext.
Achte auch auf die Regieanweisungen in Klammern.

Theodor Storm

Der Schimmelreiter (Auszug 4)

Der alte Deichgraf ist schwer krank. Auf einer Familienfeier bittet Hauke Elke um ihre Hand und überreicht ihr einen Verlobungsring. Elke nimmt diesen Ring an. Sie bittet Hauke aber, mit der offiziellen Verlobung zu warten, bis ihr Vater gestorben ist. Einige Wochen später ist Tede Volkerts, der Deichgraf, tot. Der Oberdeichgraf muss nach einem Nachfolger suchen.

Elke: (seufzt laut) Ach, Stine, ich kann den Wein und den Schnaps gar nicht so schnell bringen, wie ihn die Gäste austrinken. Selbst der Pfarrer trinkt schon das dritte Glas. (Teller klappern)

Stine: (lachend) So sind die Männer nun mal. Deetje bringt gleich die frischen Gläser und Flaschen. Nehmt Ihr noch die Platte mit dem Braten. (Schritte, die sich entfernen – Stimmengewirr, Lachen)

Elke: Herr Oberdeichgraf, noch ein Glas von Vaters Wein für Sie? (Geräusch Einschütten)

Oberdeichgraf: Ach Kind, diesen Wein haben wir oft bei unseren Besprechungen getrunken. Nun liegt dein Vater im Grab. Mit diesem Wein will ich ein letztes Mal auf sein Wohl trinken! (Gläserklingen, Murmeln und Lachen im Hintergrund)

Elke: Der Wein braucht eine gute Grundlage. Nehmen Sie noch vom Braten und den Klößen. (Klirren)

Oberdeichgraf: Ja, Elke […]. Setz dich zu mir. Sag mir, wie soll es nun weitergehen auf dem Hof?

Elke: (ausweichend) Das wird sich schon finden. Es gibt noch viel zu überlegen.

Oberdeichgraf: Ähhmm … (räuspert sich) Damit wären wir dann wohl beim Thema. Es mag gefühllos erscheinen. Doch wir sollten bald bereden, wer der neue Deichgraf werden soll. (mit lauter Stimme) Das Meer lässt uns keine Pause und das Amt braucht einen würdigen Nachfolger! Gerade in seinen letzten Jahren hat dein Vater viel Gutes in Gang gesetzt und kluge Pläne vorgelegt. (Seufzen, verlegenes Räuspern – kurze Pause, wendet sich einer anderen Person zu) […] Mir scheint, vor allem kommen Sie, Jewe Manners, in Frage. Sie sind mit dem Amt und den Plänen von Tede Volkerts vertraut. (plötzlich eintretende Stille)

Manners: (spricht langsam) Ja, das ist wohl so. Seit vierzig Jahren bin ich nun Bevollmächtigter […]. Doch nun wird mir das Reiten schwer, und die Jahre haben meinen Rücken krumm […] gemacht.

Oberdeichgraf: Sie sind ein erfahrener Mann, dem alle Bevollmächtigten vertrauen können. […]

Manners: Das ehrt mich! Als Bevollmächtigter will ich noch bleiben, doch für mehr reicht die Kraft nicht.

Oberdeichgraf: (seufzt) Elke! Es ist so schade, dass du keinen Bruder hast. (Gemurmel)
Pfarrer: (entschieden) Er war zwar nicht der Sohn von Tede Volkerts, aber in den letzten Jahren hat er die Bücher, die Rechnungen und vieles verbessert, was lange in Unordnung war. Wenn Sie nur aus dem Kreis der Bevollmächtigten wählen, dann vergessen Sie den fähigsten Mann.
Oberdeichgraf: (ungeduldig) Wer soll das sein?
Pfarrrer: (seufzt) Ich spreche von Hauke Haien. Er hat einige Jahre beim Deichgrafen Dienst getan. [...]
Oberdeichgraf: (ungeduldig) Und was sagen Sie dazu, Manners?
Manners: [...] Auch Haukes Vater war kein Bevollmächtigter, denn sein Landbesitz war zu klein. [...]
Elke: (mit erhobener Stimme) Herr Oberdeichgraf, wenn es nur um den Grundbesitz geht, so bringt Hauke seinen und den meinen mit. Das soll wohl für das Amt reichen! Einige Wochen schon trage ich seinen Verlobungsring am Herzen. Hauke ist schon viele Jahre meine Stütze, und einen besseren Mann finde ich auf dieser Welt nicht.
(Ausrufe des Erstaunens)
Pfarrer: (zweifelnd) Kind, bist du dir sicher? Du legst viel Macht in seine Hände!
Elke: (mit entschiedener Stimme) O ja, Herr Pfarrer, ich bin mir ganz sicher! Direkt nach der Trauerzeit heiraten wir. Und Sie, Herr Oberdeichgraf, haben den neuen Deichgrafen! V

b Welche Wörter beschreiben die Trauerfeier des Deichgrafen? Markiere sie.

fröhlich • traurig • bedrückt • unterhaltsam • gesellig • trostlos

2 Welche Informationen erhalten die Zuhörer durch die Geräusche über die Feier? Verbinde jedes Geräusch mit der passenden Deutung.

Gläserklirren • Stimmengewirr, Lachen • Teller klappern • Ausrufe des Erstaunens

unterhalten sich gut • Menschen trinken • erfahren Unerwartetes • Menschen essen

3 Welche Frage wird auf der Feier diskutiert? Kreuze an.
Tipp: Beachte die farbige Textstelle.

- ☐ **A** Wen soll Elke heiraten?
- ☐ **B** Wer soll der neue Deichgraf werden?
- ☐ **C** Gibt es ausreichend Wein für die Trauerfeier?

Das Hörspiel
Hörspiele vermitteln die Handlung einer Geschichte über Elemente, die man hören kann:
- **der Dialog:** Gespräch zwischen zwei oder mehreren Figuren
- **der Monolog:** Eine Figur spricht zu sich selbst über ihre Gedanken, Ziele oder Gefühle.
- **das Geräusch:** Hintergrundgeräusche (zum Beispiel: Schritte oder Kirchenglocken)
- **die Musik:** kann Handlung gliedern, bestimmte Stimmungen erzeugen
- **der Toneffekt:** Pausen, Klang, Lautstärke, Ein- oder Ausblenden von Geräuschen

Den Wendepunkt der Novelle bestimmen

1 Lies den Auszug 5.

Theodor Storm

Der Schimmelreiter (Auszug 5)

Hauke und Elke heiraten und leben glücklich zusammen. Hauke nimmt seine Aufgabe als Deichgraf sehr ernst. Er lässt viele wichtige Reparaturen an den Deichen durchführen. Der große Arbeitsaufwand und die hohen Kosten rufen bei den Bevollmächtigten und Landbesitzern jedoch Protest hervor. Im Gasthaus wird heftig diskutiert.

„[…] Alle Siele und Schleusen, die sonst immer gehalten hätten, sind jetzt reparaturbedürftig; am Deich finden sich immer neue Stellen, die Hunderte von Karren Erde nötig hätten." „Das kommt von eurem klugen Deichgrafen", rief einer von den Gastleuten […]. „Ja, Marten", sagte Ole Peters: „Recht hast du, er spinnt etwas […]; aber wir haben ihn nun einmal! […] Der alte wurde Deichgraf durch seinen Vater, der neue durch seine Frau." Viele lachten. Das Gespräch wurde rumerzählt und kam auch zu Hauke. […] „Hunde!", schrie er. Seine Augen sahen grimmig zur Seite, als wolle er sie peitschen lassen. Da legte Elke ihre Hand auf seinen Arm. „Lass sie; die wären alle gern, was du bist! […] Und der Deichgraf bist du!", sagte sie. „Sieh dich im Spiegel an, nur wer ein Amt ausüben kann, der hat es!" „Du hast nicht Unrecht", entgegnete er nachdenklich. […] Dann ging er zum Deich. […] Ein Gedanke beschäftigte ihn schon seit vielen Jahren: „Es muss gehen!", sprach er zu sich selbst. „Sieben Jahre bin ich nun schon im Amt. Sie sollen nicht mehr sagen, dass ich nur Deichgraf bin durch meine Frau!" […] Und von dem Deich zog er in Gedanken eine unsichtbare Linie, einen neuen Deich mit einer neuen Konstruktion, die bis jetzt nur in seinem Kopf vorhanden war. V

2 Der Wendepunkt der Novelle ist Haukes Plan, einen neuen Deich zu bauen. Welche Folgen könnte dieser Plan für die weitere Handlung haben? Schreibe zwei Sätze in dein Heft.

Wenn Hauke den neuen Deich bauen lässt, bedeutet das für ihn, …
Wenn Hauke den neuen Deich bauen lässt, bedeutet das für die Sicherheit des Dorfes, …

… dass das Dorf auch bei einer großen Sturmflut in Sicherheit wäre. •
… dass er beweisen kann, dass er nicht nur Deichgraf durch seine Frau ist.

Die Novelle

- Die Novelle ist eine längere Erzählung über ein ungewöhnliches, überraschendes Ereignis.
- Das Ereignis ist der **Wendepunkt** für die Lebensgeschichte der einzelnen Figuren. Der Wendepunkt kann zu einer Verbesserung oder zu einer Katastrophe führen.

Einen Novellenauszug verstehen

1 **a** Lies den Auszug 6.

Theodor Storm

Der Schimmelreiter (Auszug 6)

Der Oberdeichgraf stimmt Haukes neuem Deichbauplan zu. Mit dieser guten Nachricht kehrt Hauke zu Elke zurück. Er bringt ein neues Pferd mit, einen vernachlässigten Schimmel.

„Du wolltest mir von dem Schimmel erzählen", sagte sie leise. „Das wollte ich, Elke. Ich sagte dir schon, ich freute mich über die gute Nachricht vom Oberdeichgrafen. So ritt ich aus der Stadt hinaus. Da begegnete mir ein zerlumpter Kerl. […] Er zog den Schimmel am Zaumzeug hinter sich her. Das Tier hob den Kopf und sah mich an. Mir war's, als ob es mich um etwas bitten wolle. Ich war ja auch in diesem Augenblick reich genug. ‚He, Landsmann!', rief ich. ‚Wo wollt ihr mit dem Gaul hin?' Der Kerl blieb stehen. ‚Verkaufen!', sagte er und nickte mir listig zu. ‚Nur nicht an mich!', rief ich lustig. ‚Ich denke doch!', sagte er. […] Da sprang ich von meinem Pferd und sah dem Schimmel ins Maul. Es war noch ein junges Tier. ‚Was soll's denn kosten?', rief ich […]. ‚Dreißig Taler!', sagte der Kerl. […] Da habe ich dem Burschen das Geld gegeben. So haben wir den Schimmel, und ich denke, er ist nicht zu teuer!" […] Jeden Abend fütterte er den Schimmel selbst. Er wollte zeigen, dass er ein gutes Geschäft gemacht hatte. – Und schon nach wenigen Wochen wurde die Haltung des Tieres besser. […] Bald warf das Pferd den Kopf herum und wieherte ihm schon entgegen, wenn es im Stall seine Schritte hörte. […] Dann legte er ihm einen leichten Sattel auf. Kaum saß er auf dem Pferd, so wieherte das Tier vor Lust. Es flog mit ihm davon, die Warft hinab auf den Weg und dann dem Deich zu. Doch der Reiter saß fest, und als sie oben waren, ging es ruhiger, leicht, wie tanzend. V

b Welche Eigenschaften der Figur Hauke werden in diesem Textausschnitt deutlich?
- Ergänze die folgenden Sätze mit zutreffenden Adjektiven.
- Schreibe die Textzeile in die Klammer.

A Hauke hat das Pferd gekauft, weil er ein ______________________

(einfühlsames/ehrgeiziges) Herz hat (Zeile: ____________).

B Hauke ist ein ______________________ (mutiger/ängstlicher) Reiter.

Das wird in diesem Satz deutlich: „______________________

______________________." (Zeilen: ____________)

6 Mitten im Leben – Kurze Geschichten lesen und verstehen

1 a Betrachte das Bild.
Wähle eine Szene aus. Sieh dir diese Szene genau an.
– Wer könnte die Figur sein?
– Was macht sie gerade?

b Überlegt euch gemeinsam eine kurze Geschichte zu der Szene.
– Was ist zuvor passiert?
– Was passiert als Nächstes?

Tipp: Die Formulierungen im Kasten helfen euch.

> Frau hat auf ihren Mann gewartet • gehen zusammen nach Hause •
> Frau hat verschlafen • reißt die Tür auf und steigt ein •
> Obdachloser hat auf der Straße geschlafen • kauft sich ein Brötchen

Florian Meimberg

Tiny Tales

Da gibt es also zwei Hauptfiguren. Hatten die vorher eine Beziehung?

A Wie in Zeitlupe schritt sie in ihrem Brautkleid auf ihn zu. Colins Herz raste. Sie war die Liebe seines Lebens. Und gleich die Ehefrau seines Bruders. [V]

An Colins Stelle würde ich jetzt

____

____

______________________________.

Was für ein gruseliger Schauplatz! Die Vorstellung von so einem alten Friedhof im Nebel macht mir Angst!

B Schnaufend stemmte sich Gerald auf den lehmigen Vorsprung und kletterte ins Freie. Alles sah aus wie früher. Nebel kroch über den Friedhof.

Ich frage mich, ______________________________

____

______________________________.

1 Wie gefallen euch die Tiny Tales? Sprecht darüber.

2 Führt mit einer Partnerin oder einem Partner Gespräche zu den Tiny Tales.

a Einigt euch auf eine Tiny Tale: A, B oder C.

b Tauscht euch über den Text aus:
- Lest die Sprechblasen zu der Tiny Tale.
- Ergänzt die Sprechblasen.
- Sprecht dann über einen der folgenden Punkte.

der erste Leseeindruck • die Figuren • der Schauplatz der Handlung • die Handlungsschritte • der Wendepunkt / der überraschende Moment

c Übt gemeinsam den Lesevortrag der Tiny Tale.

Die Geschichte wird aus der Sicht von

________________ erzählt.

C Der Einsatzwagen schoss in die Kurve. Officer Dan fuhr Vollgas. Seine erste echte Verfolgungsjagd. Ängstlich schielte er in den Rückspiegel.

Tiny Tales (von englisch **tiny** für klein und **tale** für Erzählung) sind kurze Geschichten.
Der deutsche Autor und Regisseur Florian Meimberg hat sie erfunden und in sozialen Netzwerken veröffentlicht.
Die Geschichten bestehen immer aus drei Sätzen. Sie enden mit einem überraschenden oder witzigen Schluss. Das nennt man auch Pointe.

Oh, ich hab's! Erst mit dem letzten Wort versteht man die Geschichte. Denn ________

____

____

________________.

Was ist da passiert? Warum verfolgt jemand einen Polizisten?

Eigentlich müsste es doch umgekehrt sein: Der Polizist verfolgt jemanden.

3 Welche Merkmale hat eine Tiny Tale?
Markiere diese Merkmale oben in dem Text **Tiny Tales**.
Achte auf diese Punkte:

die Textlänge • die Anzahl der Sätze • die Handlung • der Wendepunkt • das Ende • die Spannung

Kurzgeschichten untersuchen

Den Schauplatz und die Figuren untersuchen

1 **a** Lies die Geschichte.

Irmela Brender
Eine (1975)

Eine drehte sich um nach ihm, als alle anderen die Köpfe schon wieder über die Bücher beugten. Er nahm das den anderen nicht übel. Er wusste, ein Neuer in der **Klasse** ist nicht so interessant, dass man ihn die ganze Stunde hindurch anstarren könnte. Er musste eben da sitzen und sich eingewöhnen.

Aber **die eine im blauen Kleid sah immer wieder hin zu ihm,** nicht neugierig, noch nicht einmal lächelnd. Ihr Gesicht […] war ernst und aufmerksam, als habe sie über ihn nachzudenken. **Das halbe Klassenzimmer lag zwischen ihnen.** […] Die gehört nicht zu den Niedlichen, die sich um einen Neuen kümmern, weil das so gut passt zu ihrer Niedlichkeit, dachte er. Die gehört vielleicht noch nicht mal zu den Netten.

Er überlegte. Eine Struppige ist das, eine, die kicken kann, fast wie ein Junge, und plötzlich wegläuft, wenn man glaubt, sie sei ein Kumpel. Eine, die nicht mit Freundinnen kichert und tuschelt. Eine, die viel allein herumläuft ist das, […] und die allerhand kennt in der Stadt. Eine, von der man manches erfahren kann […]. Vielleicht irrte er sich, aber er glaubte es nicht. Ich werde ihr ein Zeichen geben, sagte er sich, und wenn sie reagiert, dann habe ich mich nicht geirrt. Dann ist sie eine, die ich mögen könnte […].

Als sie sich wieder umsah, lächelte er sie an. Da stand sie auf und brachte ihm ihr Buch. Fast unfreundlich legte sie es vor ihn auf den Tisch. Er sah dabei, dass sie magere Finger hatte mit ganz kurzen Nägeln, das passte auch. **„Danke, ich geb's dir nachher wieder", sagte er schnell. Sie nickte und ging zurück an ihren Platz.** Alle beugten die Köpfe über die Bücher. **Aber er sah zu ihr hinüber** und verpasste den Augenblick nicht, als **sie sich noch einmal nach ihm umschaute.** […] V

b Führt ein Gespräch zu der Geschichte.
Der Titel der Kurzgeschichte ist **Eine.**
Wer ist mit **Eine** gemeint?
Tipp: Seht euch vorher die Seite 133 **Literarische Gespräche führen** an.

2 Untersuche den Schauplatz der Geschichte.

a Ergänze die Aussagen zum Schauplatz.
Tipp: Die **fett gedruckten Textstellen** helfen dir.

Die Geschichte spielt in ______________________.

Der Schauplatz wirkt ______________________.

lebendig • alltäglich • gruselig

b Wo befinden sich die beiden Hauptfiguren ungefähr?
Ergänze die Hauptfiguren auf der Skizze.

c Trage ihre Blickrichtungen und Bewegungen im Raum mit Pfeilen ein.
Tipp: Lies dafür noch einmal die **fett gedruckten Textstellen.**

3 Untersuche die Hauptfiguren der Geschichte genauer.
Wie verhält sich **die Eine** dem neuen Schüler gegenüber? Wie reagiert er darauf?
Schreibe hinter die Sätze A bis F jeweils die passende Zeilenangabe.
Tipp: Die **fett gedruckten Textstellen** helfen dir.

A Sie dreht sich nach dem Schüler um. (Zeile 1)

B Sie sieht immer wieder zu ihm. (Zeilen ________)

C Er lächelt sie an. (Zeile ______)

D Sie bringt ihm ihr Buch. (Zeilen ________)

E Er bedankt sich bei ihr. (Zeile ______)

F Sie schaut sich noch einmal nach ihm um. (Zeile ______)

Die Figuren und der Schauplatz in literarischen Geschichten
- Die **Personen in einer Geschichte** nennt man **Figuren.**
  Die **Hauptfiguren** sind besonders wichtige Figuren.
  Alle anderen Figuren sind **Nebenfiguren.**
- Der **Ort,** an dem die Geschichte spielt, ist der **Schauplatz.**
  Dies kann ein wirklicher oder ein erfundener Ort sein.

Literarische Gespräche führen

In einem literarischen Gespräch sprecht ihr über euren ersten Eindruck von einem Text. Ihr entwickelt gemeinsam Ideen, wie der Text gemeint sein könnte.

1. Den literarischen Text hören und lesen

- Hört euch den Text an. Lasst ihn euch von der Lehrerin, dem Lehrer, einer Mitschülerin oder einem Mitschüler vorlesen oder hört die Hörfassung.
- Lest den Text anschließend still.

2. Über den literarischen Text sprechen

- Bildet **Gesprächskreise** (je vier bis sechs Beteiligte).
- Sagt zuerst kurz, was ihr **spontan** beim Hören und Lesen des Textes **gedacht** habt.
- Sprecht anschließend über euren ersten **Leseeindruck** und über eure **Gedanken zum Text.**
  Was hat euch an dem Text (nicht) gefallen?
  Was habt ihr (nicht) verstanden?
  Welche Fragen habt ihr zum Text?
  Welche Textstelle ist euch besonders aufgefallen?
- Meldet euch und **erteilt euch untereinander das Wort.**

Gesprächsregeln beachten:
- Schaut alle beim Sprechen an.
- Hört den anderen aufmerksam zu und lasst sie ausreden.
- Achtet darauf, dass alle einmal zu Wort kommen.
- Lasst unterschiedliche Meinungen zum Text zu.
- Erlaubt kurze Gesprächspausen zum Nachdenken oder Nachlesen.

3. Das Gespräch abschließen

Fasst eure Gesprächsergebnisse zusammen.
Wir haben darüber gesprochen, dass …

Den Wendepunkt bestimmen

1 **a** Lies die Überschrift der Kurzgeschichte.
b Betrachte das Bild.
c Lies die Geschichte.

Ernest Hemingway
Ein Tag warten (1933)

Er kam ins Zimmer […]. Wir lagen noch im Bett, und ich fand, dass er krank aussah. […] „Was ist los, Schatz?" „Ich habe Kopfschmerzen." […] Er sah wie ein kranker, jämmerlicher, neunjähriger Junge aus. Als ich ihm die Hand auf die Stirn legte, wusste ich, dass er Fieber hatte. „Du gehst ins Bett", sagte ich. „Du bist krank." Als der Doktor kam, nahm er die Temperatur des Jungen. „Wie viel hat er?", fragte ich ihn. „Hundertundzwei*." Der Doktor ließ Medikamente zurück mit Anweisungen, wie sie zu nehmen waren. […] Er schien alles über Grippe zu wissen und sagte, es wäre nicht weiter besorgniserregend. […] Als ich wieder ins Zimmer kam, fragte ich: „Möchtest du, dass ich dir vorlese?" „Schön. Wenn du willst", sagte der Junge. Sein Gesicht war sehr weiß, und er hatte dunkle Schatten unter den Augen. Er lag reglos im Bett und sah gleichgültig aus. Ich las ihm aus einem Piratenbuch vor, aber ich sah, dass er nicht bei der Sache war. „Wie fühlst du dich, Schatz?", fragte ich ihn. „Genau wie vorhin, bis jetzt", sagte er. Ich saß am Fußende des Bettes […]. Normalerweise hätte er einschlafen müssen, aber er blickte immerzu das Fußende des Bettes an und hatte einen seltsamen Ausdruck im Gesicht. „Warum versuchst du nicht einzuschlafen? Ich werde dich wecken, wenn es Zeit für die Medizin ist." „Ich möchte lieber wach bleiben." Nach einer Weile sagte er zu mir: „Papa, du brauchst nicht hier bei mir zu bleiben, wenn es dir unangenehm ist." „Es ist mir nicht unangenehm." „Nein, ich meine, du brauchst nicht zu bleiben, wenn es dir unangenehm wird." Ich dachte, dass er ein bisschen wirr sei. Nachdem ich ihm das verschriebene Pulver gegeben hatte, ging ich eine Weile aus. […]

Als ich wieder nach Hause kam, sagte man mir, dass der Junge keinem erlaubt habe, in sein Zimmer zu kommen. „Du kannst nicht reinkommen", hatte er gesagt. „Du darfst das nicht bekommen, was ich habe." Ich ging zu ihm hinauf und fand ihn in genau derselben Lage, wie ich ihn verlassen hatte, weißgesichtig, aber mit roten Fieberflecken auf den Backen. Er starrte immer noch, wie er vorher gestarrt hatte, auf das Fußende des Bettes. Ich nahm seine Temperatur. „Wie viel habe ich?" „Ungefähr hundert", sagte ich. Es waren hundertundzwei und vier Zehntel. „Es waren hundertundzwei", sagte er. „Wer hat das gesagt?" „Der Doktor."

* Temperatur von 102 Grad Fahrenheit, das entspricht etwa 38,9 Grad Celsius und bedeutet, dass der Junge Fieber hat.

„Deine Temperatur ist ganz in Ordnung", sagte ich. „Kein Grund, sich aufzuregen."

„Ich rege mich nicht auf", sagte er […] und sah starr vor sich hin.

Er nahm sich offensichtlich wegen irgendetwas schrecklich zusammen.

„Schluck dies mit etwas Wasser."

„Glaubst du, dass es helfen wird?"

„Natürlich." […]

„Um wie viel Uhr glaubst du, dass ich sterben werde?", fragte er.

„Was?"

„Wie lange dauert es noch ungefähr, bis ich sterbe?"

„Aber du stirbst doch nicht. Was ist denn los mit dir?"

„Doch, ich werde. Ich habe gehört, wie er hundertundzwei gesagt hat."

„Aber man stirbt doch nicht bei einer Temperatur von hundertundzwei. Es ist albern, so zu reden."

„Ich weiß aber, dass es so ist. In der Schule in Frankreich haben mir die Jungen erzählt, dass man mit vierundvierzig Grad nicht leben kann. Ich habe hundertundzwei."

Er hatte den ganzen Tag auf seinen Tod gewartet, die ganze Zeit über, seit neun Uhr morgens.

„Mein armer Schatz", sagte ich.

„Es ist wie mit Meilen und Kilometern. Du wirst nicht sterben. Es ist ein anderes Thermometer. Auf dem Thermometer ist siebenunddreißig normal. Auf dieser Sorte ist achtundneunzig normal."

„Bist du sicher?"

„Völlig", sagte ich.

„Es ist wie mit Meilen und Kilometern. Weißt du, so wie: Wie viel Kilometer machen wir, wenn wir siebzig Meilen im Auto fahren?"

„Ach", sagte er. Die Starre verschwand langsam aus seinem […] Blick; auch seine Verkrampftheit ließ nach und war am nächsten Tag fast ganz weg, und er weinte wegen Kleinigkeiten los, die ganz unwichtig waren. [V]

2 Lies die **fett gedruckten Textstellen** noch einmal.
Die Handlung ist auf dem Höhepunkt, etwas Wichtiges verändert sich.
Dies ist der Wendepunkt der Geschichte.
Der neunjährige Junge glaubt, dass er sterben muss, doch es ist ein Missverständnis.

3 Wie hast du die Kurzgeschichte verstanden?
Kreuze die passende Aussage an.

A ☐ In der Kurzgeschichte „Ein Tag warten" geht es darum, dass man bei der Behandlung von Krankheiten geduldig sein sollte.

B ☐ In der Kurzgeschichte „Ein Tag warten" von Ernest Hemingway geht es um einen Konflikt zwischen Vater und Sohn.

C ☐ Die Kurzgeschichte „Ein Tag warten" stellt ein großes Missverständnis dar und zeigt, welche Auswirkungen sich daraus ergeben.

D ☐ Die Kurzgeschichte „Ein Tag warten" von Ernest Hemingway beschreibt eindrucksvoll die Angst eines Kindes vor dem Sterben.

Merkmale von Kurzgeschichten kennen

1 Lies aufmerksam die sechs Merkmale von Kurzgeschichten.

A Kurzgeschichten springen mitten hinein ins Geschehen.

B Der Schluss einer Kurzgeschichte ist meist offen.

C In einer Kurzgeschichte stehen normale Menschen im Mittelpunkt.

D Kurzgeschichten haben einen überraschenden Wendepunkt.

E Die Sprache ist oft Alltagssprache.

F In einer Kurzgeschichte wird ein Alltagsmoment erzählt.

2 **a** Lies die Kurzgeschichte.

Tanja Zimmermann
Eifersucht (1984)

Diese Tussi! Denkt wohl, sie wäre die Schönste. ___ Juhu, […] diese Stiefelchen von ihr sind echt zu albern. Außerdem hat sie sowieso keine Ahnung. Von nix und wieder nix hat die 'ne Ahnung. ___ Immer, wenn sie ihn sieht, ___ schmeißt sie die Haare zurück wie ein Filmstar. Das sieht doch ein Blinder, was die für 'ne Show abzieht. ___ Ja, o.k., sie kann ganz gut tanzen. Besser als ich. Zugegeben. Hat auch 'ne ganz gute Stimme, schöne Augen, aber dieses ständige Getue. Die geht einem ja schon nach fünf Minuten auf die Nerven. Und der redet mit der ___ ... stundenlang. Extra nicht hingucken. Nee, jetzt legt der auch noch den Arm um die. Ich will hier weg! Aber aufstehen und gehen, das könnte der so passen. Damit die ihren Triumph hat. Auf dem Klo sehe ich in den Spiegel, ___ finde meine Augen widerlich, und auch sonst. Ich könnte kotzen. ___ Genau, ich müsste jetzt in Ohnmacht fallen, dann wird ihm das schon leidtun, sich stundenlang mit der zu unterhalten. Als ich aus dem Klo komme, steht er da: „Sollen wir gehen?" ___ Ich versuche es betont gleichgültig mit einem Wenn-du-willst, kann gar nicht sagen, wie froh ich bin. An der Tür frage ich, was denn mit Kirsten ist. „O Gott, eine Nervtante, nee, vielen Dank!" … „Och, ich find die ganz nett, eigentlich", murmel ich. ___ V

b Welche Merkmale von Kurzgeschichten sind in diesem Text? Schreibe die **Buchstaben A bis F** passend auf die Linie hinter den markierten Textstellen.

Inhalte zusammenfassen

1 Lies die Geschichte.

Torsten Löschmann
Knigge* reloaded (2020)

„Bitte schlurf nicht so!“ Er übersah das übertriebene Augenrollen seiner Tochter, die neben ihm auf dem Weg zur Bushaltestelle war.

Ihre strähnigen schwarzen Haare verdeckten wie ein Vorhang ihr Gesicht.

Die graue, viel zu große Jeansjacke hatte sie wie eine Decke um sich geschlungen.

Darunter trug sie einen schwarzen Pulli und schwarze Jeans. Trostlos.

Schon lange hatte er sie nicht mehr lächeln sehen, vermutlich war freundliches Auftreten mit 15 uncool.

Er hatte ihr vorgeschlagen, sie in die Stadt zu begleiten. Dort hatte er einige Besorgungen zu machen, sie wollte sich mit Freunden treffen. Zurück würde sie dann alleine fahren. An der Ampelkreuzung zog er sie an der Jacke zurück. „He, die Ampel zeigt Rot!“

„Na und?“, rotzte sie zurück.

„Es sind kleine Kinder unterwegs, sei ihnen ein gutes Vorbild!“, belehrte er sie.

„Oh, Alter, das ist echt ätzend!“

„Ich bin Papa und nicht Alter und das ist nicht ätzend, sondern Erziehung!“

Erneutes Augenrollen. Diese Antwort hatte sie schon tausendmal gehört.

„Erziehung, ja klar!“

„Ohne ein rücksichtsvolles Miteinander geht unsere Gesellschaft vor die Hunde!“

„Blablabla!“ Dabei drehte sie sich zur Seite und spuckte ihr Kaugummi auf den Fußweg. Er seufzte. […]

Endlich waren sie an der Bushaltestelle angekommen.

„Gibst du mir schon mal das Geld für die Rückfahrt?“

„Wie heißt das Zauberwort?“ Erneutes Augenrollen, genervter Blick in seine Richtung. „BITTE!“

„Geht doch!“ Er schmunzelte. Wann würde diese Phase endlich vorbei sein?

Er kramte das Geld hervor und reichte es seiner Tochter.

Wortlos griff sie danach und vergrub ihre Hände wieder in der Jackentasche.

„Gern geschehen!“, sagte er überfreundlich und stieg mit ihr in den Bus.

Im Bus war noch ein Platz frei. Sofort ließ sie sich auf den Sitz fallen und steckte ihre Kopfhörer in die Ohren. Er stellte sich neben seine Tochter und atmete laut aus.

An der nächsten Haltestelle stieg eine alte Frau ein. Mühsam stützte sie sich auf ihren Gehstock. Das Mädchen nahm die Kopfhörer heraus, stand auf und sagte: „Sie können sich hierhin setzen!“ Die Alte nickte und setzte sich.

Als sie in der Innenstadt ausstiegen, zeterte die Tochter los: „Unverschämtheit! Die hat nicht mal ‚Danke‘ gesagt!“ V

* „Knigge“ ist ein berühmtes Buch über gute Umgangsformen aus dem Jahr 1788.

2 Ergänze folgende Aussagen zum Schauplatz.
Tipp: Die hervorgehobene Textstelle hilft dir bei dem 1. Satz und der Wortkasten beim 2. Satz.

1. Die Geschichte spielt auf dem Weg ______________________.
2. Der Schauplatz wirkt ______________________.

lebendig • alltäglich • gruselig

3 Untersuche die Hauptfiguren der Geschichte genauer.
Wie verhält sich die Tochter dem Vater gegenüber? Wie reagiert der darauf?
Schreibe hinter die **Sätze A bis I** die passende Zeilenangabe.
Tipp: Die unterstrichenen Textstellen helfen dir.

A Die Tochter will bei Rot über die Ampel, der Vater zieht sie zurück. (Zeilen 10, 11)

B Die Tochter rollt mit den Augen. (Zeile ______)

C Der Vater belehrt, ohne Freundlichkeiten gehe die Gesellschaft vor die Hunde. (Zeile ______)

D Die Tochter spuckt genervt den Kaugummi auf den Fußweg. (Zeilen ______)

E Der Vater seufzt. Er ärgert sich über das Verhalten der Tochter. (Zeile ______)

F Die Tochter fordert Geld für die Rückfahrt. (Zeile ______)

G Der Vater will, dass sie „Bitte" sagt, und fragt nach dem Zauberwort. (Zeile ______)

H Die Tochter rollt erneut mit den Augen, sie ist genervt. (Zeile ______)

I Der Vater bleibt freundlich. (Zeile ______)

4 Schreibe eine Einleitung. Setze richtig ein.

Torsten Löschmann • gutes Benehmen und höfliches Verhalten • 2020 • Knigge reloaded

Die Kurzgeschichte „______" ist von ______ ______. Er schrieb sie im Jahr ______.

In der Kurzgeschichte geht es um ______.

5 **a** Bringe die Handlungsschritte in die richtige Reihenfolge.
Tipp: Die grün markierten Textstellen helfen dir.

- [ ] Tochter setzt sich im Bus auf den einzigen freien Platz
- [1] Vater und Tochter laufen zum Bus, Vater begleitet Tochter in die Stadt
- [ ] Tochter will bei Rot über Ampel, Vater reißt sie zurück, Tochter protestiert
- [ ] Tochter beschwert sich, dass die Frau nicht mal „Danke" gesagt hat
- [ ] Tochter spuckt Kaugummi auf Fußweg, Vater ärgert sich über ihr Verhalten
- [ ] Frau mit Stock steigt ein, Tochter macht ihren Platz für sie frei
- [ ] Tochter fordert Geld für Busfahrt, Vater will, dass sie „Bitte" sagt

b Schreibe die Handlungsschritte von Aufgabe 5 a für den Hauptteil auf.
Wähle die richtige Reihenfolge. Schreibe in ganzen Sätzen.
Du kannst Satzanfänge aus dem Wortkasten verwenden.

Anschließend • Danach • Schließlich • Nachdem • Nun

Zu Beginn beschreibt der Erzähler, wie

Dann

Am Ende ist der Vater überrascht. Denn seine Tochter beschwert sich darüber, dass

6 Im Schluss der Inhaltsangabe steht, warum sich die Tochter so verhält.
Welche Erklärungen passen? Kreuze an.

- [ ] Die Kurzgeschichte zeigt, dass es der Tochter egal ist, wie man sich verhält.
- [ ] Die Tochter verhält sich widersprüchlich. Sie selbst mag den Vater nicht bitten. Aber sie möchte von der Frau „Danke" hören.
- [ ] Das Verhalten der Tochter zeigt, dass alle höflich behandelt werden möchten.
- [ ] Die Kurzgeschichte weckt Verständnis, dass man nicht immer freundlich sein will.

Eine Inhaltsangabe schreiben

In einer Inhaltsangabe fasst man den Inhalt eines Textes **knapp und sachlich** zusammen.

- **Einleitung:** Notiert die Textsorte (zum Beispiel Kurzgeschichte, Novelle, Ballade), das Thema und den Titel.
  Nennt auch das Erscheinungsjahr und den Namen der Autorin / des Autors.
- **Hauptteil:** Schreibt wichtige Handlungsschritte in der richtigen Reihenfolge auf.
- **Schluss:** Schreibt einen Schluss. Wie verstehst du den Text? Was will der Text dir sagen?

7 Hier will ich sein – Gedichte untersuchen und vergleichen

1 Stell dir vor, du könntest in den Zug einsteigen
und an deinen Wunschort reisen.
Wohin reist du? Was machst du dann gerne?
Was kannst du dort sehen, hören und riechen?
Schreibe dir Stichworte in dein Heft.
Ich reise zum Strand und dort …
Ich fahre in die Berge, weil ich da …
Ich steige in den Zug nach … und mache dort …

Ich sehe …
Ich höre …
Ich rieche …

2 **a** Schreibe mit Hilfe deiner Stichworte Verse in dein Heft.
Mein Wunschort
Riecht wie …
Sieht aus wie …
Hört sich an wie …
Fühlt sich an wie …

b Tragt euch gegenseitig eure Verse vor.

Hier will ich sein! oder: Hier will ich nicht sein!

Ich wünsche mir ein Land
Mit blauem Himmel, die Zweige grün,
die Felder golden
Eine Heimat für Vögel und Blumen.

Das Wetter ist recht gut **geraten.**
Der Kirchturm träumt vom lieben **Gott.**
Die Stadt riecht ganz und gar nach **Braten**
und auch ein bisschen nach **Kompott*.**

* eine Nachspeise aus Obst

Hallo, hallo, bist du auch so gelangweilt
Genervt und gestresst von der Enge der Stadt?
Bist du nicht auch längst schon müde der Straßen?
Der Menschen, der Massen, hast du das nicht satt?

1 **a** Tragt die drei Gedichtanfänge in der Klasse vor.
b Welche unterschiedlichen Gefühle erkennst du in den drei Strophen? Kreise passende Wörter im Wortkasten ein. Verwende die entsprechenden Farben (Grün, Gelb und Blau) für die Strophen.

traurig • fröhlich • chaotisch • harmonisch • unruhig • müde • verträumt • friedlich

2 Welcher Gedichtanfang gefällt dir am besten? Zeichne dazu ein eigenes Bild in dein Heft oder vervollständige die Skizze.

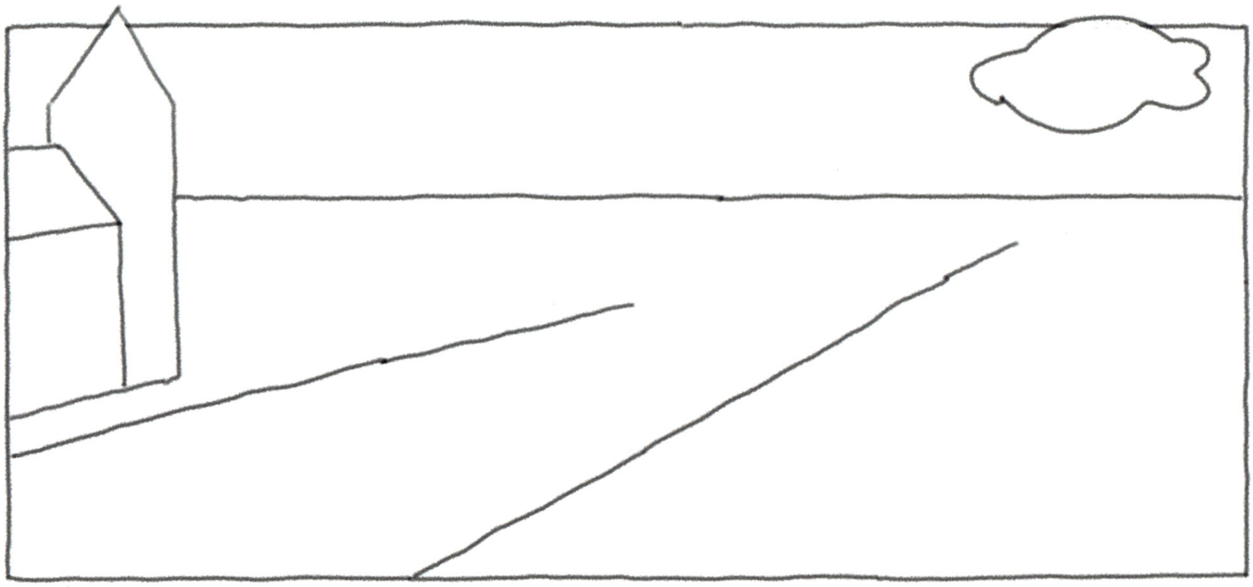

3 **a** Die **Reimwörter** in der Strophe aus Erich Kästners Gedicht (gelb) sind **fett gedruckt.** Lies sie laut vor.

b Schreibe die Reimwortpaare in dein Heft.

c Vervollständige die zweite und dritte Strophe mit den passenden Reimwörtern aus dem Kasten.

leer • schlafen • gesund • Verkehr • halten • trafen • alten • Mund

Am Sonntag darf man lange ______________________.

Die Gassen sind so gut wie ______________________.

Zwei alte Tanten, die sich ______________________,

bestreiten rüstig* den ______________________.

* alt, aber fit

Sie führen wieder mal die ______________________

Gespräche, denn das hält ______________________.

Die Fenster gähnen sanft und ______________________

sich die Gardinen vor den ______________________.

Inhalt und Form von Gedichten untersuchen

Ein Gedicht in zwei Sprachen erschließen

1 **a** Sieh dir den Text an, auch wenn du ihn nicht verstehst.

Cahit Sıtkı Tarancı

Memleket isterim

Memleket isterim
Gök mavi, dal yeşil, tarla sarı olsun;
Kuşların çiçeklerin diyarı olsun.

Memleket isterim
Ne başta dert, ne gönülde hasret olsun;
Kardeş kavgasına bir nihayet olsun.

Memleket isterim
Ne zengin fakir, ne sen ben farkı olsun;
Kış günü herkesin evi barkı olsun.

Memleket isterim
Yaşamak, sevmek gibi gönülden olsun;
Olursa bir şikâyet ölümden olsun.

> gök – der Himmel • mavi – blau • dal – das Tal • yesil – grün • tarla – das Feld • sari – gelb

b Markiere gleiche Wörter in derselben Farbe.

2 Was bedeutet Memleket isterim wörtlich?
a Sieh im Vokabelkasten nach.
b Was bedeutet **Memleket?**
Was heißt **isterim?**
Markiere je Wort eine Bedeutung.

> **Memleket** – Land / Heimat / Gegend
> **isterim** – ich möchte / ich will

3 Vergleiche die beiden Übersetzungen des markierten zweiten Verses.
Was ist anders? Was ist gleich? Schreibe auf.
1. Übersetzung: der Himmel blau, das Tal grün, das Feld gelb
2. Übersetzung: mit blauem Himmel, die Zweige grün, die Felder golden

Was ist **anders?** ______________________________

Was ist **gleich?** ______________________________

4 Das Wort **olsun** hat unterschiedliche Bedeutungen.
a Probiere mehrere Bedeutungen für den markierten zweiten Vers aus.
b Welche Bedeutung passt deiner Meinung nach am besten zum Inhalt? Kreise diese ein.

> olsun – macht nichts • ebenso wie • wie auch immer • trotzdem • So sei es! • meinetwegen

5 **a** Lies die Übersetzung des Gedichts **Memleket isterim.**

Übersetzer: Muhammet Mertek

Ich wünsche mir ein Land

Ich wünsche mir ein Land
Mit blauem Himmel, die Zweige grün, die Felder golden
Eine Heimat für Vögel und Blumen.

Ich wünsche mir ein Land
Ohne Sorge und Sehnsucht in Kopf und Herz.
Zwischen Geschwistern kein Streit.

Ich wünsche mir ein Land
Ohne Unterschied zwischen Arm und Reich, Du und Ich.
Wo alle im Winter ein Obdach* haben.

Ich wünsche mir ein Land
Wo Leben wie Liebe von Herzen kommt.
Gäbe es eine Klage, so gälte sie dem Tod.

* eine Unterkunft

b Lies auch den Beginn dieser Übersetzung:

Ich wünsche mir ein Land

Ich wünsche mir ein Land
Mit blauem Himmel, die Zweige grün, die Felder golden … meinetwegen
Eine Heimat für Vögel und Blumen … von mir aus.

Ich wünsche mir ein Land
Ohne Sorge und Sehnsucht in Kopf und Herz … So sei es!
Zwischen Geschwistern kein Streit … wie auch immer.

c Welche Übersetzung gefällt euch besser? Was ist anders? Sprecht darüber.

6 **a** Sieh dir noch einmal die verschiedenen Bedeutungen des Wortes **olsun** an.

b Wie verändert das Wort **olsun** das Gedicht? Sprecht darüber.

7 Schreibe selbst eine Strophe in dein Heft. Beginne mit:
Ich wünsche mir ein Land …

Die Form eines Gedichts
Die **Verse** (Zeilen) eines Gedichts sind oft in **Strophen** geordnet.
Wenn sich die Verse regelmäßig abwechseln, entsteht ein **Reimschema.**
Beispiele: **Paarreim** (aabb), **Kreuzreim** (abab), **umarmender Reim** (abba)

Wer spricht im Gedicht?

1 **a** Höre dir den Song **Lass uns gehen** von der Band Revolverheld an.
b Lies dabei den Songtext mit.

Revolverheld

Lass uns gehen (2013)

Hallo, hallo
Bist **du** auch so gelangweilt
Genervt und gestresst von der Enge der Stadt?
Bist **du** nicht auch längst schon müde der Straßen
Der Menschen, der Massen? Hast **du** das nicht satt?

Ich kann nicht mehr atmen, seh kaum noch den Himmel,
Die Hochhäuser haben **meine** Seele verbaut
Bin immer erreichbar und erreiche doch gar nichts
Ich halte es hier nicht mehr aus

Lass uns hier raus
Hinter Hamburg, Berlin oder Köln
Hört der Regen auf Straßen zu füllen
Hör'n wir endlich mal wieder das Meer und die Wellen
Lass uns gehn, lass uns gehn, lass uns gehn
[…] v

2 Kennt ihr auch das Gefühl, wegzuwollen?
Sprecht darüber. Erzählt auch, warum ihr wegwollt oder nicht wegwollt.

> Manchmal möchte ich weg, weil …
> Hier ist es oft langweilig / laut / dreckig.

> Ich möchte nicht weg, weil …
> in der Stadt … / auf dem Land …

3 Wer spricht in dem Gedicht?
Untersucht die erste und zweite Strophe in Gruppen.
Tipp: Seht euch die **fett gedruckten** Wörter an.
Wer spricht? Wer könnte mit **du** gemeint sein? Tauscht euch aus.

Die Sprecherin oder der Sprecher in einem Gedicht
- **Die Sprecherin oder der Sprecher** kommt in Gedichten oder Songs häufig als ein „Ich" **(lyrisches Ich)** vor.
- Das lyrische Ich beschreibt **Gefühle, Gedanken und Beobachtungen** und lässt die Leserinnen und Leser diese auch **fühlen.**
  Manchmal spricht das **Ich** ein **lyrisches Du** an.
- Das **lyrische Ich** ist **nicht die Autorin oder der Autor.**

Sprachliche Bilder verstehen

1 **a** Der Titel des Gedichts lautet **Auto.**
Was erwartet ihr von dem Gedicht?
Was stellt ihr euch vor? Sprecht darüber.

b Lies das Gedicht.

Oskar Kanehl

Auto (1914)

Wir **fressen** das Land.
Wie Windswut
fliegt es durch unsern Rachen*.
Unsre Köpfe **reißen** vom Leib**.
Uiii uiii
bellt die Sirene.
Der Motor stöhnt und heult.
Auf hundert zittert der Manometer***.
Wie Raubtiere springen wir
auf unschuldige Landschaft.
Wir beißen die Wälder
im Nacken
und schleudern sie im Maule.
Wir schmeißen die Städte
wie Spielzeug hinter uns.
[…] V

* hinterer Teil des Mundes
** vom Körper
*** ein Gerät zum Messen von Druck

2 Stellt euch vor, ihr sitzt in diesem **Auto.**
Wie fühlt ihr euch dabei? Beschreibt eure Eindrücke.

traurig • fröhlich • aufgeregt • angespannt • chaotisch • wütend • aggressiv • müde • langsam • lustig • friedlich • erleichtert • ängstlich

3 Vergleiche den Inhalt des Gedichts mit deinen Vorstellungen aus Aufgabe 1.
Was ist gleich? Was ist anders? Schreibe in dein Heft.

4 a Markiere alle Verben im Gedicht.
Beispiele: fressen, fliegt, reißen …

b Sind die Verben eher positiv oder eher negativ?
Ordne sie in die Tabelle ein.

negative Verben (–)	positive Verben (+)
fressen	

5 Im Gedicht **Auto** gibt es sprachliche Bilder.

a Wie wirkt die Beschreibung des Motors in dem Gedicht?
Schreibe einen **Vergleich** mit **wie.**

Der Motor wirkt wie ein ______________________________

____.

b In Vers 7 steht: **Der Motor stöhnt und heult.**
Warum handelt es sich dabei um eine **Personifikation?** Schreibe auf.
Tipp: Hilfe findest du im blauen Kasten.

Es ist eine Personifikation, weil ______________________________

____.

Sprachliche Bilder
- Der **Vergleich:** Bei einem Vergleich werden zwei verschiedene Vorstellungen durch **wie** oder **als ob** miteinander verknüpft.
  Dadurch kann man sich Menschen, Gegenstände und Eigenschaften besser vorstellen.
  Beispiel: Wir schmeißen die Städte wie Spielzeug hinter uns.
- Die **Personifikation:** Es werden leblose Gegenstände und Dinge vermenschlicht,
  Beispiel: Der Motor stöhnt und heult. So wirken sie lebendig.

Ein Gedicht zusammenhängend untersuchen

1 a Sieh dir die **Bilder** an.
b Lies den **Titel** des Gedichts.
c Was denkt ihr: Worum geht es in dem Gedicht? Sprecht darüber.

In dem Gedicht **Kleine Stadt am Sonntagmorgen** könnte es um … gehen.

Erich Kästner

Kleine Stadt am Sonntagmorgen (1929)

Das Wetter ist recht gut geraten.
Der Kirchturm träumt vom lieben Gott.
Die Stadt riecht ganz und gar nach Braten
und auch ein bisschen nach Kompott*.

Am Sonntag darf man lange schlafen.
Die Gassen sind so gut wie leer.
Zwei alte Tanten, die sich trafen,
bestreiten rüstig** den Verkehr.

Sie führen wieder mal die alten
Gespräche, denn das hält gesund.
Die Fenster gähnen sanft und halten
sich die Gardinen vor den Mund.

[…]

Die Stunden machen kleine Schritte
und heben ihre Füße kaum.
Die Langeweile macht Visite***.
Die Tanten flüstern über Dritte.
Und drüben, auf des Marktes Mitte,
schnarcht leise der Kastanienbaum. v

* Süßspeise, Nachtisch

** alt, aber fit

*** Besuch

2 a **Lies** die Teile des Gedichtes.
b Welche **Adjektive** passen zu deinem ersten Eindruck vom Gedicht? Kreise ein.

chaotisch • ruhig • unruhig • lustig • bescheiden • langweilig • ernst • stimmungsvoll • harmonisch • ironisch • geordnet • verwirrend

3 Worum geht es in dem Gedicht? Kreuze an.

☐ Leben in der Großstadt ☐ Leben in der Kleinstadt

4 Schreibe eine zusammenhängende Analyse für die Teile des Gedichtes.

a Schreibe in die **Einleitung** die Art des Textes, den Titel, den Autor und das Thema.

In dem Gedicht „Kleine Stadt am ______________" von ______________

______________ geht es um ______________

______________.

b Schreibe den **Hauptteil**. Setze die Wörter und Wortgruppen richtig ein.

die gleichen Gespräche und Geräusche • die langsam vergehende Zeit • leere Straßen und Gespräche • vom Wetter und den Gerüchen

Inhalt

Die erste Strophe handelt ______________.

In der zweiten Strophe geht es um ______________.

Die dritte Strophe beschreibt ______________.

Das Thema der vierten Strophe ist ______________.

Personifikation • Metapher • Vergleich • drei • vier • Paarreim • Kreuzreim

Form und Sprache

Die ersten drei Strophen bestehen aus jeweils ______________ Versen.

Das Reimschema der ersten drei Strophen ist der ______________.

Ein Beispiel für die Verwendung von sprachlichen Mitteln ist „Der Kirchturm träumt" (Vers 2).

Dies ist eine ______________, weil „träumen" eine menschliche Eigenschaft ist.

c Gefällt dir das Gedicht? Schreibe auf und begründe.

Das Gedicht gefällt mir / gefällt mir nicht, weil ______________

______________.

Ein Gedicht zusammenhängend untersuchen

- Macht in der **Einleitung** allgemeine Angaben zum Gedicht (Autorin/Autor, Titel, Thema).
- Fasst im **Hauptteil** die Ergebnisse eurer Untersuchung zusammen: den Inhalt, die Angaben zur Sprecherin / zum Sprecher, die äußere Form, die sprachlichen Mittel.
- Beschreibt die Stimmung und die Wirkung auf die Leserinnen und Leser.
- Schreibt zum Schluss, ob euch das Gedicht gefallen hat.

Gemeinsam in der Lyrikwerkstatt

Wählt Station 1 oder Station 4 für die Partnerarbeit aus.
Präsentiert eure Ergebnisse zum Schluss in der Klasse.

Station 1: Ein Akrostichon verfassen

1 a Lies das Akrostichon **Zugfahrt.**

Zugfahrt

Z ugluft bläst durchs Abteil

U rlauber blicken gespannt

G rüne Landschaft zieht vorbei

F enster sind aufgeschoben

A bteile gefüllt mit Geschnatter

H eute gibt es keinen Stau

R eisen im Zug ist bequem

T ickets im Portmonee

b Lies im Kasten unten die Informationen zum Akrostichon.

2 Schreibe ein eigenes Akrostichon zum Thema **Reisen** in dein Heft.
Tipp: Du kannst die Wörter aus dem Wortkasten nutzen.
Reisen
Rucksack packen
E
...

Insel • Auto • ~~Rucksack~~ • Essen • Sonne • Nähe • Urlaub • Interesse • Elefanten • Natur • Spur • Dorf • Stadt • Igel • Nashörner • Kilometer • Freiheit • Erlebnisse • Indien

~~packen~~ • wandern • filmen • beobachten • fahren • streicheln • fotografieren • halten • laufen • kaufen • machen • schlafen • entdecken • sortieren • genießen • spüren

Akrostichon
- **Das Akrostichon** ist eine Gedichtform.
- Die **Anfangsbuchstaben** jedes Verses (Zeile im Gedicht) ergeben sich aus dem Titel des Gedichtes.
- Jeder Vers passt zum **Thema.**

Station 4: Ein Gedicht sinngestaltend vortragen

1 Lies das Gedicht **Im Auto über Land.**

Erich Kästner

Im Auto über Land (1936)

In den ersten Strophen des Gedichts steht, dass eine Familie an einem schönen Sonntag mit dem Auto einen Ausflug macht. Der Vater sitzt vorne am Steuer.

[…] Und er* steuert ohne Fehler
über Hügel und durch Täler. I
Tante Paula wird es schlecht. I
Doch die übrige Verwandtschaft
blickt begeistert in die Landschaft.
Und der Landschaft ist es recht.

Um den Kopf weht eine Brise
von besonnter Luft und Wiese,
dividiert** durch viel Benzin.
Onkel Theobald berichtet,
was er alles sieht und sichtet.
Doch man sieht's auch ohne ihn.

Den Gesang nach Kräften pflegend
und sich rhythmisch fortbewegend
strömt die Menschheit durchs Revier***.
Immer rascher jagt der Wagen.
Und wir hören Vatern sagen:
„Dauernd Wald, und nirgends Bier."

Aber schließlich hilft sein Suchen.
Er kriegt Bier. Wir kriegen Kuchen.
Und das Auto ruht sich aus.
Tante schimpft auf die Gehälter.
Und allmählich wird es kälter.
Und dann fahren wir nach Haus. [v]

* hier: der Vater
** geteilt
*** Gebiet

2 Stellt euch vor, ihr sitzt in diesem **Auto.** Wie fühlt ihr euch dabei? Sprecht mit einer Partnerin oder einem Partner über eure Eindrücke.

traurig • fröhlich • aufgeregt • chaotisch • schnell • sehnsuchtsvoll • müde • langsam • lustig • friedlich • wütend • erleichtert

3 Übe nun für den Gedichtvortrag:

a Markiere dir mit den Symbolen: Wann machst du eine Pause (I)? Welche Wörter sind wichtig?

b Lies das Gedicht mehrmals laut vor. Achte auf deine Markierungen.

c Nimm deinen Vortrag mit einem Smartphone als Video oder Sprachaufnahme auf.

8 „Das Herz eines Boxers“ – Ein modernes Drama lesen und spielen

Inszenierung von „Theater Spielzeit / Mobiles Kinder- und Jugendtheater Landshut“

1 **a** Sieh dir das Bild an.
b Was kannst du auf dem Bild sehen? Beschreibe es einer Partnerin oder einem Partner.

Auf der Bühne sind / ist …

Ich sehe …

ein Fenster • die Farbe • die Abdeckfolie • ein Malervlies (ein Stoff zum Abdecken) • die Kartons • einen Tisch • eine Wand

2 **a** Sieh dir die beiden Figuren genauer an.
b Beschreibe sie einer Partnerin oder einem Partner.
- Was haben sie an?
- Was machen sie gerade?
- Wie alt sind sie?

3 Wovon könnte das Stück handeln?
a Erzähle deiner Partnerin oder deinem Partner deine Ideen.
b Schreibe die Ideen in dein Heft.
In dem Drama "Das Herz eines Boxers" könnte es darum gehen, dass …

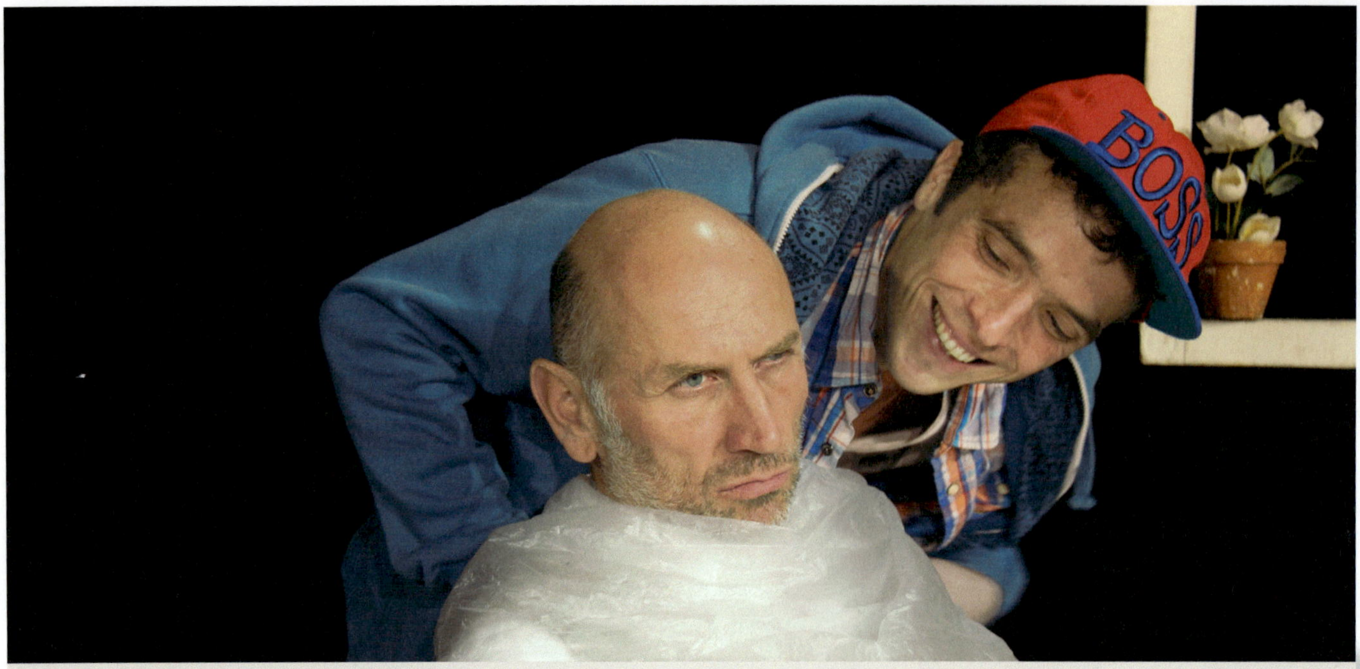

Lutz Hübner

Das Herz eines Boxers (Szene 1)

Raum: Zimmer in einem Altersheim, ungemütlich, klein. Ein Tisch, Sessel, ein Fenster zum Park. Viele Kartons, keine Bilder an der Wand.
Darsteller: Jojo: Ein Jugendlicher, etwa sechzehn Jahre
Darsteller: Leo: Ein Mann Ende sechzig, Bewohner des Zimmers

1 Lest die Szene 1 mit verteilten Rollen:
Eine Person liest die Regieanweisungen (blaue Sätze),
die andere Person liest die Aussagen von Jojo.
Tipp: Achtet darauf, dass Jojo sehr vorlaut und unverschämt spricht.

2 **a** Lies die **Beschreibung zum Raum und den Darstellern** in den Zeilen 1 bis 4.
Vergleiche die Informationen mit dem Bühnenbild auf Seite 173.
b Tausche dich darüber mit einer Partnerin oder einem Partner aus.

3 Warum muss Jojo das Zimmer im Altenheim streichen?
Schreibe die Antwort auf.
Tipp: Lies dafür noch einmal die Zeilen 10 bis 11 und Zeilen 21 bis 22.

Jojo muss das Zimmer

Leo kommt ins Zimmer. Er boxt in die Luft, ein Geräusch ist von draußen zu hören. Leo setzt sich schnell in den Sessel, zieht sich eine Decke über die Füße, rückt den Sessel Richtung Fenster, sieht nach draußen. Die Tür geht auf, Jojo kommt herein. Er hat Folie, einen Eimer weiße Wandfarbe und Pinsel dabei.

Jojo: Schönen Tag, die Knackibrigade* „Schöner Wohnen" soll aus der Butze** hier wieder eine menschliche Behausung** machen. [...]

Leo dreht sich um, sieht Jojo an.

Was glotzt du denn so? Der erste Besuch seit dem Krieg, was? Glaub bloß nicht, dass ich das hier aus Menschenfreude mache. [...] Ich krieg keinen Pfennig für den Job, also seh ich auch nicht ein, dass ich mir hier den Buckel krumm schufte, das sind Strafstunden, höchstrichterliche Anordnung.

Leo sieht ihn an. Stille.

Ich hab keinen umgebracht, ich hab auch keinem Rentner das Hundefutter aus dem Kühlschrank gestohlen, keine Panik. [...]

Er steigt auf die Leiter, nimmt einen Pinsel voll Farbe und streicht eine Ecke. [...]

Ja, hast du alles meinem Jugendrichter zu verdanken. Ein geklautes Mofa, und schon geht für einen Rentner die Sonne auf. [...] v

* die Knackibrigade: Jojo muss Sozialstunden ableisten, zu denen er verurteilt wurde, daher bezeichnet er sich als „Knacki". Ein Knacki ist jemand, der im Gefängnis sitzt.

** die Butze, die Behausung: anderes Wort für Zimmer

4 Welche Informationen bekommst du in dieser Szene?
Beantworte die Fragen in Stichpunkten.

A Was weißt du über die Figuren?

B Wo spielt das Theaterstück?

C Wie sieht die Bühne aus?

5 Wie spricht der junge Jojo mit Leo? Kreuze an.

☐ freundlich ☐ aggressiv ☐ unfreundlich ☐ unhöflich
☐ frech ☐ nett ☐ zuvorkommend ☐ neutral

Figuren und Konflikte untersuchen

Die Hauptfigur charakterisieren

Am nächsten Tag kommt Jojo wieder zu Leo, um weiter zu streichen. Es regnet, Jojo ist durchnässt und schlecht gelaunt. Er erzählt Leo, wie es dazu gekommen ist, dass er die Sozialstunden machen muss.

1 **a** Lies das Gespräch aus der **Szene 2.**

Jojo: [...] Also, dann halt jetzt mal dein Gebiss fest, ich hab das Mofa gar nicht geklaut. Da staunst du, was? Ich bin genauso ein Trottel wie du, ich hab's für 'nen anderen auf mich genommen, weil der mit seinen Vorstrafen sonst direkt in den Bau* gegangen wär. Echt edel von mir, was? [...]

Er streicht.

Und jetzt gibt er überall an, dass er einen Idioten gefunden hat, der für ihn die Strafe reißt, einfach, weil ich ihn so toll finde und mich bei ihm einscheißen will, da hab ich mir echt Ruhm eingehandelt, was? Ein Idiot, der einem Idioten kostenlos bei Regen die Bude pinselt, dolle Welt. [...] Kommt mit der Karre direkt zu unserm Bauwagen gefahren, Fluppe** im Maul, gibt an wie Oskar.

So geht das, Jojo, was de haben willst, musste dir nehmen, wenn du ein Kerl bist.

Fünf Minuten später sind die Bullen da. [...]

Er streicht, Leo dreht sich um, sieht Jojo an.

Leo: Du hast ja richtig Charakter.

Jojo lässt den Pinsel sinken, sieht Leo an.

Jojo: Hast du grade was gesagt, oder bilde ich mir das ein?

Leo: Du hast ja richtig Charakter. [...] [V]

* hier: das Gefängnis

** die Zigarette

b Warum wurde Jojo zu den Sozialstunden verurteilt? Was ist passiert? Tausche dich mit einer Partnerin oder einem Partner darüber aus.

2 Leo sagt zu Jojo: „Du hast ja richtig Charakter."
Was meint er damit? Kreuze an.

- [ ] Jojo sieht gut aus.
- [ ] Jojo hat eine gute Eigenschaft.
- [ ] Er ist frech.
- [ ] Er hat Stärke gezeigt, weil er die Strafe auf sich genommen hat.

3 Was erfährst du in den ersten beiden Szenen über Jojo? Verbinde.

Das sagt Jojo über sich selbst:	unzufrieden
	ist enttäuscht
So verhält sich Jojo:	ehrenvoll
	ein Trottel
Das denkt Leo über Jojo:	flucht und redet viel
	wurde reingelegt
So könnte Jojo sich fühlen:	benutzt Umgangssprache
	hat Charakter gezeigt

Die Figurenbeziehungen untersuchen

Leo erzählt Jojo, dass er nicht gesprochen hat, weil er einen Schlaganfall vorgetäuscht hat. Das Personal im Altenheim soll denken, dass er kaum noch was mitbekommt. Leo und Jojo unterhalten sich weiter.

1 Lest die Fortsetzung von **Szene 2** mit den beiden Rollen: Jojo und Leo. Eine weitere Person liest die Regieanweisungen (blaue Sätze).

[…] Jojo geht die Leiter wieder hoch, streicht, wirft zuweilen beunruhigte Blicke auf Leo.

Jojo: Was soll das heißen, ich hab Charakter, soll das 'ne Beleidigung sein?

Leo: Du hast für einen anderen eine Strafe auf dich genommen, das ist Charakter. Das ist, was man tut für einen Freund. Jetzt hat dich der Freund verraten, die Welt ist schlecht.

Jojo: Der war nie mein Freund, der hat nur 'ne große Schnauze und spielt den Chef. […]

Leo: Ist sie ein schönes Mädchen?

Jojo: Was soll der Scheiß denn jetzt, ich hab kein Wort von einer Tussi gesagt, bist du ein alter Schweinigel oder was?

Leo: Das ist keine Schande.

Jojo: Was red ich denn überhaupt mit dir, Lebensberatung bei den Bekloppten, soweit kommt's noch.

Leo: Du wolltest ein Held sein, damit dein Mädchen dich liebt, und hast eine gute Tat begangen. Es bleibt eine gute Tat, auch wenn dich jetzt alle für einen Trottel halten. Du musst stolz darauf sein, und wenn dein Mädchen nicht blöd ist, ist sie auch stolz auf dich.

Jojo: Hör mal, das ist hier nicht Hollywood, so denkt die nicht.

Leo: Wie denkt sie denn?

Jojo kleinlaut: Das wüsst ich auch gerne. […] V

Am Ende rät Leo Jojo, dem Mädchen jeden Tag eine Rose vor die Tür zu legen. Jojo lehnt das erst ab, möchte es aber dann doch versuchen.

2 Was meint Leo damit, wenn er sagt, dass jemand **Charakter** hat? Ergänze den Satz.
Tipp: Lies die Zeilen 4 und 5.

Charakter bedeutet für Leo, wenn man ______________________________

____

____.

3 Warum reagiert Jojo so aggressiv auf die Frage, ob es sich um ein schönes Mädchen handelt? Kreuze an.

- [ ] Es ist ihm unangenehm, dass Leo erkannt hat, dass er verliebt ist und ein Mädchen beeindrucken wollte.
- [ ] Er kennt kein Mädchen, das er beeindrucken wollte.

Das Gesprächsverhalten und die Beweggründe der Figuren untersuchen

Leo bittet Jojo, für ihn einige alte Sachen auf dem Trödelmarkt zu verkaufen. Jojo wühlt in Kartons und findet einen Stapel alter Zeitungsausschnitte und rote Boxhandschuhe. Jojo findet heraus, dass Leo früher ein bekannter Boxer war. Er bewundert ihn dafür, aber Leo erklärt ihm, dass er eigentlich ein friedlicher Mensch ist und das Boxen für ihn nur ein Beruf war, um Geld zu verdienen.

1 Lies das Gespräch aus **Szene 3** zwischen Jojo und Leo.

[…] **Jojo:** Du stehst da im Ring, alle sehen dich an, und da ist so ein Kerl, der will dir ans Leder, der will dich vernichten, er tänzelt um dich rum, und du schlägst zu, du machst ihn fertig, du bist der Sieger, das muss doch ein irres Gefühl sein.

Leo: Ich hab immer Angst gehabt.

Jojo: Angst?

Leo: Dass ich mal an so einen gerate, so einen Killer, der kämpft, um sich zu beweisen, dass er der Größte ist, dass er ein Kerl ist, so einer, der es genießt, wenn Blut fließt. Ich hab solche Typen immer gehasst. Ein richtiger Boxer ist ein Gentleman, ein Künstler. Ein richtiger Boxer hat ein so großes Herz, dass er niemanden hassen kann. Er schlägt zu, aber nicht aus Hass, und wenn er einsteckt, nun, davon geht die Welt nicht unter. […]

Jojo: Aber wenn man so richtig zuschlagen kann, ist man doch der King. Wenn einen so ein Arsch blöd anlabert, rums, eins in die Fresse.

Leo: Ich bin immer weggelaufen.

Jojo: Aber du bist ein Boxer.

Leo: Aber ich sag dir doch, ich schlag mich nicht gern, nur im Ring.

Jojo: Nie?

Leo räuspert sich: Doch, einmal, und das ist mir heute noch unangenehm. […] V

Leo erzählt Jojo, dass er in dem Heim, in dem er vorher war, durch einen Pfleger beleidigt und schlecht behandelt wurde. Als der Pfleger ihn sehr provoziert hatte, hat er zugeschlagen. Deshalb ist er nun auch in dem Altenheim eingesperrt. Sie glauben, dass er gefährlich sein könnte. Leo weiß, dass es falsch war. Er hat einen Schlaganfall vorgetäuscht, damit sie ihn nun in Ruhe lassen.
Jojo bittet Leo, ihm das Boxen beizubringen. Im Gegenzug ist er bereit, die alten Sachen von Leo für den Trödelmarkt mitzunehmen.
Bevor Jojo geht, erzählt er Leo noch, dass er schon eine Rose vor die Tür des Mädchens gelegt hat.

2 Jojo bewundert Leo für seine Vergangenheit als Boxer. Finde Textstellen in dem Gespräch, die dies zeigen. Markiere sie.

3 Leo möchte nicht, dass Jojo ihn als Helden betrachtet, nur weil er mal ein guter Boxer war. Leo schreibt Jojo einen kurzen Brief, nachdem dieser weg ist. Fülle die Lücken aus.

Geld zu verdienen • friedvoller Mensch • andere zu schlagen • Angst • Charakter • k.o. zu schlagen • Beruf • meine Vergangenheit als Boxer

Lieber Jojo,
unser heutiges Gespräch hat mich sehr berührt. Ich freue mich, dass du dich

für ______________________ interessierst.

Aber eines muss ich dir noch sagen: Ich möchte nicht, dass du mich als Helden siehst.

Denn ich habe nicht geboxt, weil ich es gut fand, ______________________.

Für mich war es ein ______________. Ich machte es, um ______________________.

Eigentlich bin ich ein ______________. Ich habe oft ______________ gehabt beim

Boxen. Es ist viel wichtiger einen guten ______________ zu haben, als andere

______________________. Ich freue mich auf morgen, Leo

4 In dieser Szene kann man viel über Leo herausfinden. Verbinde.

So sieht Leo sich selbst:	er erzählt ihm unangenehme Dinge über sich
So verhält sich Leo gegenüber Jojo:	ein friedfertiger Mann
Das denkt Jojo über Leo:	er gibt ihm Ratschläge
	er ist ein Held

Szenen gestaltend interpretieren

Jojo kommt in Leos Zimmer und hat ein blaues Auge. Er behauptet zunächst, dass er sich gestoßen hat. Aber Leo weiß, dass ihn jemand geschlagen hat. Als Jojo Leo das Geld für die verkauften Sachen geben will, fällt Jojo ein Messer aus der Tasche. Leo erkennt sofort, das Jojo sich das Messer gekauft hat, um sich für das blaue Auge und die Beleidigungen bei dem Jungen zu rächen. Er möchte Jojo davon überzeugen, dies nicht zu tun.

1 Lies das Gespräch aus **Szene 4.**

[...] **Leo:** Also los, mach ihn fertig, er hat deine Ehre beleidigt, er hat dich vor allen zum Gespött gemacht, räch dich. Ehre kann man nur mit Blut reinwaschen.

Jojo nimmt das Messer.

Jojo: Verarsch mich nicht.

Leo: Das würde ich nie tun, schließlich hast du jetzt ja begriffen, wo es langgeht, du hast dich lang genug zum Trottel gemacht.

Jojo rammt das Messer in die Wand.

Jojo: Halt die Schnauze!

Leo: Wieso, stimmt es nicht, was ich sage?

Jojo: Ich mach ihn fertig.

Leo: Du willst ihn am Boden sehen.

Jojo: Der soll kapieren*, dass er mich nicht zum Arsch machen kann.

Leo: Er wird's kapieren, wenn er das Messer im Bauch hat, und wenn er durchkommt, kann er immer denken: Durch dich, Jojo, hab ich was kapiert. Der geht für acht Jahre ins Gefängnis, damit ich was kapiere. Was hat Jojo nicht alles für mich getan, und dann wird er dir mit der Krücke zuwinken, wenn du gerade an deinem Zellenfenster stehst, um frische Luft zu schnappen.

Jojo: Schnauze.

Leo: Und wenn du rauskommst und eine Arbeit suchst und der Chef fragt dich, was du die letzten Jahre gemacht hast, und du sagst, ich habe für meine männliche Ehre Tüten geklebt**, dann wird er aufstehen, dir auf die Schulter klopfen und sagen: Du bist ein ganzer Kerl. Einer, der für ein blaues Auge einen absticht, ist viel zu schade für meinen Betrieb. Hier arbeiten nur Leute, die mit dem Kopf denken, das ist nichts für Sie.

Stille. [v]

* verstehen

** Gefängnisarbeit machen

2 Lest die Szene mit verteilten Rollen.
Tipp: Leo meint seine Aussagen nicht so, wie er sie sagt. Er spricht also übertrieben und ironisch.

3 Spielt den Szenenabschnitt in der Klasse.
- Sprecht dabei die Texte möglichst frei.
- Nehmt die Szenen mit der Kamera auf.
  Bitte beachtet die Regeln für Filmaufnahmen.

Achtet darauf, dass alle Gefilmten ihre Zustimmung geben. Wenn ihr die Aufnahmen veröffentlicht (Schulwebseite, soziale Netzwerke), müssen alle beteiligten Personen einverstanden sein.
- Gebt euch mit Hilfe der Aufnahmen Feedback.

Checkliste für das Feedback
- Wird flüssig und deutlich gesprochen?
- Sind Lautstärke und Sprechtempo der Figur angemessen?
- Werden die Gefühle und Gedanken der Figur deutlich?

Standbilder gestalten

In der Fortsetzung von Szene 4 berichtet Jojo stolz, wie er geschickt für die alten Sachen von Leo einen guten Preis erzielen konnte. Und er erzählt, wie es zu dem blauen Auge gekommen ist.

1 Lies, wie das Gespräch aus der **Szene 4** weitergeht.

Jojo: [...] Ich frage ihn, was für Scheiße er über mich erzählt, er stellt sich doof, hört mir gar nicht zu, was ich denn wolle, einen Heiligenschein oder was. Da hab ich ihn angeschrien, was für ein Arschloch er ist, er hört das und reicht mir voll eine rein.

Leo: Und die anderen?

Jojo: Von denen traut sich doch keiner, das Maul aufzumachen. Die fanden das bestimmt alle nicht richtig, aber wenn der Meister* spricht.

Leo: Aber wenn du ihn fertiggemacht hast, bist du der Meister, dann sagst du, wo es langgeht.

Jojo: Quatsch, ich will mit den feigen Schweinen nichts mehr zu tun haben.

Leo: Was willst du denn?

Jojo: Ich will mich rächen. – Scheiße, jetzt kommt's mir irgendwie auch blöde vor.

Leo: Und was ist mit deiner Ehre?

Jojo: Jetzt komm mir doch nicht so. Ich will mit denen sowieso nichts mehr zu tun haben.

Leo: Dann ist es vielleicht ein bisschen aufwendig, zum Abschied noch einen abzuschlachten.

Jojo lacht.

Jojo: Ja, irgendwie lohnt sich das nicht, obwohl man's ja eigentlich machen müsste. [...]

Leo: Morgen zeig ich dir, wie ein Boxer sich vor Schlägen schützt. Jetzt geh, ich streich heute für dich.

Jojo packt seine Sachen.

Ich bin stolz auf dich.

Jojo: Wieso?

Leo: Weil du so ein gerissener Händler bist.

Jojo: Das war wirklich keine schlechte Nummer.

Leo: Ich bin auch sonst stolz auf dich. Wenn ich so klug wie du gewesen wäre, säße ich jetzt nicht hier. Deine Selbstbeherrschung möchte ich haben. [...] V

* hier: eine Person, der sich alle anderen unterordnen

2 Lest die Szene mit verteilten Rollen.
Tipp: Zu Beginn ist Jojo noch wütend und will sich rächen.
Im Laufe des Gesprächs verändert sich seine Stimmung, er lacht sogar.

3 Stellt das Gespräch in drei Standbildern dar.
Achtet auf den Gesichtsausdruck und die passende Körpersprache.

Bild 1: Zeilen 1 bis 11
Tipp: Jojo ist noch wütend und erzählt Leo, was passiert ist. Leo hört zu, macht sich Sorgen, versucht, Jojo davon zu überzeugen, dass es nicht richtig ist, sich zu rächen.

Bild 2: Zeilen 12 bis 20
Tipp: Die Stimmung wird lockerer. Jojo lacht.

Bild 3: Zeilen 21 bis 26
Tipp: Leo ist stolz auf Jojo. Jojo freut sich darüber.

Eine Szene weiterschreiben

Jojo erfährt am nächsten Tag, dass Leo versucht hat, aus dem Altenheim zu einem Freund nach Frankreich zu fliehen. Dabei hat Leo mit dem Auto einen Unfall gebaut und ist nun wieder zurück in seinem Zimmer.
Leo ist kaum ansprechbar und wirkt schläfrig. Er hat Medikamente zur Beruhigung bekommen. Jojo versucht, ihn wieder fit zu machen, hilft im hoch und lässt ihn streichen, damit er in Bewegung kommt. Jojo erzählt Leo davon, dass der Tipp mit der Rose ein Erfolg war.

1 **a** Lies das Gespräch aus der **Szene 6.**

[...] **Jojo:** Die Rosennummer. Gestern bin ich hin, mit einem Zettel: Zwanzig Uhr McDonald's. [...] Auf jeden Fall schleiche ich auf Zehenspitzen hin und lege das Grünzeug auf die Matte. Plötzlich geht die Tür auf und sie steht da, strahlt mich an wie 'ne Bogenlampe*. Ich wäre am liebsten im Erdboden versunken. Erst dacht ich, ich lauf einfach weg, aber dann dacht ich, jetzt ist es auch egal, und drücke ihr die Blume in die Hand. Sie fragt mich, warum ich nicht einen ganzen Strauß gebracht habe, dann hätte ich nicht so oft kommen müssen, sag ich: Gute Idee. [...] Sie kichert und fragt, warum ich so rote Ohren habe, sag ich, das kommt von der Höhenluft, ich wohne Erdgeschoss. Der war doch nicht schlecht, oder? [...] Ich treff sie morgen Abend, ist das nicht absolut geil? Mensch, Leo, das hab ich dir zu verdanken. Wenn das irgendwie klappt, komme ich mal mit ihr vorbei. [...]

Leo: Ich komme hier nie mehr raus, das ertrage ich nicht. [...]

Jojo: Vielleicht wäre das ja auch absolut blödsinnig gewesen in Frankreich.

Leo: Wie soll ich das wissen, wenn ich nicht hinfahre?

Jojo: Aber irgendwie geht's doch immer weiter, oder? Ich hab doch auch nichts, bei mir ist doch auch alles schiefgegangen, ist doch letztendlich genauso beschissen.

Leo: Es ist doch egal, was man macht. Was man machen könnte, ist wichtig. [...]

Leo gibt Jojo das Geld.

Das brauche ich nicht mehr. Du kannst es haben. Tu mir nur einen Gefallen. Hol mir in der Apotheke ein paar Tabletten, sagen wir drei Rollen. Bring sie mir morgen vorbei. Nimm den Rest und geh mit dem Mädchen essen.

Jojo: Du bist doch vollkommen verrückt. [...] V

* eine besonders helle Lampe

b Worum geht es in der Szene?
Ergänze die folgenden Satzanfänge in deinem Heft.
Jojo ist guter Laune, weil ...
Leo ist traurig, weil ...

2 Schreibe das Gespräch zwischen Jojo und dem Mädchen als Dialog in dein Heft. Jojo erzählt in den Zeilen 3 bis 9 davon.

Jojo schleicht mit einer Rose in der Hand zur Tür. Er legt die Rose ab.
Die Tür öffnet sich, das Mädchen lächelt ihn an. Jojo schämt sich.
Mädchen: Hallo Jojo! Warum ...? Dann ...!
Jojo: Gute ...!
Das Mädchen kichert.
Mädchen: Warum hast du ...?
Jojo: Das liegt an ...

9 Gut informiert!? – Zeitungstexte untersuchen

1 Beschreibt die Situation auf dem Foto.

Auf dem Foto sehe ich …

Sie liest …

Sie informiert sich …

2 a Welche Informationen suchen Menschen in Zeitungen?
Sprecht darüber.

Politik • Wirtschaft • Sport • Kultur

b In welchen Medien informiert ihr euch über
- das Wetter? *Über das Wetter informiere ich mich …*
- aktuelle Fußballergebnisse?
- neue Kinofilme?

das Internet / die App • das Fernsehen • die Zeitung • das Radio

3 Wie sollte eine Zeitung für euch sein? Beschreibt.

Eine gute Zeitung sollte interessante/aktuelle Themen enthalten, wie zum Beispiel …

Sie sollte übersichtlich und verständlich geschrieben sein …

Die Entwicklung der Zeitung

A In den letzten dreißig Jahren haben sich die Zeitungen verändert. Der Grund dafür ist das Internet. Fast alle Zeitungen bieten seitdem Online-Versionen an.
Ein Vorteil der Online-Zeitungen ist, dass sie ständig aktualisiert werden.
Außerdem sind sie multimedial. Das heißt, es gibt neben den Texten auch Links, Videos und vieles mehr.

1

Relation:
Aller Fürnemmen/ vnd gedenckwürdigen
Historien / so sich hin vnnd wider
in Hoch vnnd Nieder Teutschland / auch
in Franckreich/ Italien/ Schott vnd Engelland/
Hisspanien/ Hungern / Polen / Siebenbürgen/
Wallachey / Moldaw / Türckey/ rc Inn
diesem 1609. Jahr verlauffen
vnd zutragen möchte.

Alles auff das trewlichst wie
ich solche bekommen vnd zu wegen
bringen mag/ in Truck ver-
fertigen will.

B Die erste wöchentlich gedruckte Zeitung erschien 1605 in Deutschland.
Der Drucker und Buchbinder Johann Carolus veröffentlichte darin Nachrichten.
Diese erhielt er von verschiedenen Poststationen.
Um 1650 entstanden die ersten deutschen Tageszeitungen.
Hundert Jahre später gab es viele unterschiedliche Zeitungen für jedermann.

1 **a** Beschreibt die drei Fotos.

aufwendig • wertvoll • am Kiosk • online

Die ersten Zeitungen waren …

Früher kaufte man Zeitungen …

Heutzutage liest man Zeitungen oft …

b Lies die **Texte A bis C**.

c Ordne den Texten die Bilder zu.

Text A: Bild ____________ **Text B:** Bild ____________ **Text C:** Bild ____________

2 Wann erschien die erste Zeitung?
Schreibe einen Satz.

____

____

C Seit der Industrialisierung* entwickelte sich die Zeitung zu einem Massenmedium. Das heißt, Zeitungen konnten günstig gedruckt werden und dadurch konnten sich immer mehr Menschen eine Zeitung leisten. Außerdem entwickelten die Zeitungen einen klaren Aufbau mit Artikeln aus verschiedenen Bereichen.
Bald konnte man Zeitungen an Kiosken und später in Supermärkten kaufen.

* die Industrialisierung: Viele Dinge werden nun mit Hilfe von Maschinen hergestellt.

3 **a** Markiere die Antworten zu den Fragen in den Texten.
1 Wie kam der Drucker und Buchbinder Johann Carolus an die Nachrichten?
2 Wie kam es dazu, dass sich die Zeitung zu einem Massenmedium entwickelte?
3 Warum sind Online-Zeitungen multimedial?

b Beantworte die Fragen von Aufgabe 3 a in Stichpunkten.

1 ______________________________

2 ______________________________

3 ______________________________

4 Welche Informationen über die Zeitung waren neu für euch? Sprecht darüber.

Ich wusste noch nicht, dass …

Für mich war neu, dass …

Informationen in Zeitungen vergleichen

Verschiedene Zeitungstypen unterscheiden

1 Sieh dir die Titelseiten der beiden Zeitungen an.

2 Welche Gemeinsamkeiten und welche Unterschiede siehst du? Schreibe auf.

die Größe des Zeitungsnamens • die Anzahl der Bilder • die Anzahl der Texte • die Schriftgröße • die Farbe • die Länge der Texte • die Überschriften

die Gemeinsamkeiten: Der Name der Zeitung ist groß und auffällig geschrieben.

die Unterschiede: Auf der Titelseite links sind mehr Bilder zu sehen.

3 Beschrifte die Titelseiten mit den Begriffen aus den Wortkästen.

der Name der Zeitung • der Zeitungskopf • der Aufmacher (zentraler Artikel auf der Titelseite) • das Foto • die Werbeanzeige

MITTWOCH, 16. DEZEMBER 2020

Bild

UNABHÄNGIG · ÜBERPARTEILICH

ADVENTS-CASH-CALL Heute bis zu 130 000 Euro gewinnen!

50 %

Zulassung kommt schon am Montag

So wird Deutschland jetzt geimpft!

▸ Wer als Erstes geimpft wird
▸ Wie Sie einen Termin kriegen
▸ Wie der Impfstoff verteilt wird
▸ Wo geimpft wird und wer zahlt

AB HEUTE LOCKDOWN!

SONG-KLAU!

Reim geht auf Wendler los

LESERBRIEFE

CORONA IN ZAHLEN

325 735

14 432

22 475

5161

Übersterblichkeit in KW 46

19 161 +8 %

Die Kanzlerin im KaDeWe

GEWINNER

VERLIERER

Aktionspreis

0,43

Deutsche tauschten 53,4 Mio. D-Mark in Euro um

der Name der Zeitung • der Zeitungskopf • die Schlagzeile • der Aufmacher (zentraler Artikel auf der Titelseite) • das Foto • die Grafik

Alles geschnitzt: Spielzeug aus Holz ist zurück › Wirtschaft

Süddeutsche Zeitung

NEUESTE NACHRICHTEN AUS POLITIK, KULTUR, WIRTSCHAFT UND SPORT

WWW.SUEDDEUTSCHE.DE · MÜNCHEN, MITTWOCH, 16. DEZEMBER 2020 · 76. JAHRGANG / 51. WOCHE / NR. 291 / 3,20 EURO

Das Streiflicht

Schmutzige Ware

Chinas Regierung setzt in großem Stil Zwangsarbeiter zur Baumwollernte ein. Trotzdem kaufen ausländische Firmen den begehrten Rohstoff, auch deutsche Unternehmen

› Thema des Tages

EU stellt Digital-Paket vor

Die Macht von Tech-Konzernen soll massiv eingeschränkt werden

Corona-Impfung früher als erwartet

Nach den USA und Großbritannien macht nun auch die Europäische Union Tempo beim Covid-19-Vakzin: Noch vor Weihnachten könnte über eine Zulassung entschieden werden

Bestellter Impfstoff

Eltern vermissen Kita-Konzept in der Krise

USA verhängen Sanktionen gegen Türkei

Nawalny wirft Putin „Staatsterrorismus" vor

HEUTE

Meinung 4

Panorama 10

Feuilleton 11

Wissen 15

Wirtschaft 21

Daumen runter

DAS WETTER

12° / -2°

Journalistische Textsorten unterscheiden

Die Reportage

1 a Lies die Reportage.

Thorsten Schmitz

Ins kalte Wasser

Als Kind fast ertrunken, als Athletin gefeiert:
Wenn in ein paar Tagen die Paralympics beginnen, ist die Schwimmerin Gina Böttcher eine der größten deutschen Hoffnungen.
Jedoch hatte sie kein leichtes Leben.

[...] Nie wirst du schwimmen können. Diesen Satz hört Gina jahrelang von Ärzten, Lehrern und ihren Eltern. [...] Gina ist mit fehlgebildeten, verkürzten Armen und Beinen zur Welt gekommen. [...]

Mit zwölf Jahren ertrinkt sie fast, als sie zu ihren beiden Brüdern ins Schwimmbecken möchte. [...] Niemand hört sie, als sie panisch unter Wasser schreit. Sie muss es selbst schaffen. Sie strampelt, bis sie wieder Boden unter ihren Füßen spürt. Sie hat überlebt. Sie entwickelt panische Angst vor Wasser. Es wird ihr Feind. [...]

Aus dem Mädchen, das fast ertrunken wäre, ist eine der schnellsten Schwimmerinnen der Welt in ihrer Startklasse geworden. [...] Aus dem Feind ist ein Verbündeter geworden: das Wasser, es trägt sie heute. Am besten bis nach Tokio zu den Paralympics. Das sind die Olympischen Spiele für behinderte Sportler. Sie finden nur alle vier Jahre statt. Eine große Chance, sich vor der ganzen Welt zu beweisen. [...]

Die Trainingshalle in Potsdam ist erfüllt vom Lärm Dutzender Arme, die auf Wasser knallen. Draußen schüttet es, drinnen ist es tropisch warm. [...] Ginas Badekappe verrutscht im Wasser, der Trainer richtet sie gerade. Viermal 50 Meter kraulen soll sie nun. Der Trainer ruft ihr zu: „Schneller Gina, weniger atmen!" Gina ist außer Puste. [...]

1948 wurde zum ersten Mal in England ein Sportfest für Menschen mit Handicap organisiert. Es fand zur selben Zeit wie die Olympischen Spiele in London statt. [...] 1960 wurden die Paralympics dann erstmals in Rom ausgetragen [...]. Seitdem ist Para-Schwimmen Teil des Wettkampfprogramms. [...]

An einer der Türen in der Schwimmhalle steht: „Der Wille, zu gewinnen, ist wichtig, der Wille zu trainieren, entscheidend." Mit nassen Haaren wartet Gina draußen auf ihren Vater. Sie steht auf ihrem Longboard, checkt Nachrichten, schweigt. Fast sechs Stunden Training hat sie hinter sich. Jacke, Kapuzenpulli, kurze Jeans, alles in Schwarz. Warum eigentlich Leistungssport, warum Schwimmen? „Weil es mich fit macht. Ich zeige den anderen auch: Ich kann was. Auch den Lehrern von damals, die nicht an mich geglaubt haben." [...]

Gina sagt, sie freut sich über jeden behinderten Menschen, den sie anstacheln kann, Sport zu treiben. […]

Der Deutsche Behindertensportverband hat sein Team für die Paralympics in Tokio bekannt gegeben. Elf Schwimmerinnen und Schwimmer sind dabei […]. Eine von ihnen: Gina Böttcher. […] Bei den Paralympics in Tokio wird sie sechsmal schwimmen. Ihr Ziel ist, dass sie mindestens einmal einen Platz unter den ersten sechs belegt. Ob sie das schafft? Sicher ist nur: Sie wird alles dafür tun. Sie wird kämpfen. […] Das Wasser wird sie tragen. [V]

b Worum geht es in der Reportage **Ins kalte Wasser?** Kreuze an.

A ☐ Die Reportage stellt eine Schwimmerin mit Behinderung vor und vermittelt allgemeine Informationen über die Paralympics.

B ☐ In der Reportage wird über die Probleme von behinderten Schwimmern berichtet.

2 Wie gefällt euch die Reportage über die Schwimmerin? Begründet eure Antwort.

Die Reportage gefällt mir / gefällt mir nicht, weil …

Mich hat die Reportage über Gina richtig mitfühlen lassen, weil …

Ich fand sehr interessant, dass …

3 Suche im Text nach **sachlichen Informationen** über die Paralympics. Die markierten Textstellen helfen dir dabei. Beantworte die Fragen.

1 Wie viele Schwimmerinnen und Schwimmer sind bei den Paralympics in Tokio dabei?

2 Wann und wo fanden die ersten Paralympics statt?

3 Wie oft finden die Paralympics statt?

Die Reportage

- **Reportagen** sind längere Zeitungsartikel, die die Leserinnen und Leser **informieren und unterhalten** sollen. Sie enthalten berichtende und schildernde Textstellen.
- **Berichtende Textstellen** enthalten sachliche Informationen. Sie beantworten W-Fragen.
- In **schildernden Textstellen** werden Orte, Situationen oder Menschen genau beschrieben, damit die Leserinnen und Leser sie sich gut vorstellen können. Oft sind Gedanken und Gefühle enthalten.

Einen Zeitungsartikel zusammenfassen

1 **a** Sieh dir das Foto an. Lies die Überschrift und den Vorspann.
b Worum könnte es in dem Artikel gehen? Kreuze an.

- ☐ In dem Artikel geht es um einen Roboter, der aussieht wie ein echtes Mädchen.
- ☐ In dem Artikel geht es um ein Mädchen, das einen Roboter kauft.

2 Lies nun den Zeitungsartikel.

Elisabeth Kagermeier
Ist die echt?

Influencerinnen und Influencer sind wichtige Werbeträger für Kosmetikprodukte

Sie sieht aus wie eine junge Frau und hat Millionen Fans, doch Miquela lebt nur auf Bildschirmen. Sie ist ein Roboter, mit dem eine Firma Geld verdient.

A Miquela hat ein Leben, um das sie viele beneiden: Sie geht auf Musikfestivals, lernt Skaten, lässt sich bei Filmpremieren am roten Teppich fotografieren. [...] Das alles kann man [...] auf ihrem Kanal auf Instagram sehen. 1,6 Millionen Menschen folgen der 19-Jährigen. **Sie ist eine der einflussreichsten Personen im Internet.** Allerdings ist Miquela gar **kein echter Mensch.** In ihrem Profil steht **„Roboter".** Miquelas Macher haben sie so programmiert, dass sie reden, singen und tanzen kann. Auf Fotos sieht sie aus wie ein echter Mensch, der tolle Dinge erlebt. [...]

B Miquela ist [...] die bisher erfolgreichste „Roboter-Influencerin". **Influencer, das bedeutet auf Deutsch „Beeinflusser". So nennt man Menschen, die in sozialen Netzwerken viele Fans haben und in ihren Posts ab und zu Dinge empfehlen.** [...] Firmen bezahlen die Influencer dafür, weil sie deren Fans beeinflussen wollen.

C Miquela wirbt wie viele Influencer vor allem auf Instagram und YouTube. Hier kann man am meisten Geld verdienen [...]. **Für Firmen sind Robotor-Influencer besonders toll, denn sie haben keine eigene Meinung.** Man kann sie daher besser steuern und sie sagen nichts, das der Firma nicht gefällt.

D Für künstliche Influencer gelten dieselben Regeln wie für Menschen: Sie müssen sich an den Jugendschutz halten, deutlich zeigen, wo sie Werbung machen, und sie dürfen nicht direkt zum Kaufen auffordern. [...]

E Hinter Miquela und anderen Robotor-Influencern steckt ein **Technik-Unternehmen aus Los Angeles in den USA.** Die Firma hat die Roboter programmiert, um mit ihnen Geld zu verdienen. Erfolgreiche menschliche Influencer bekommen für nur einen Werbe-Post oft zwischen 10.000 und 100.000 Euro. Wie viel das Unternehmen mit Miquela verdient, verrät die Firma nicht. [...]

F An Miquela wirkt alles unmenschlich perfekt, vor allem ihr Gesicht. **Dass Miquela am Computer entstanden ist, erkennst du an ihrem etwas zu hübschen Mund, [...] der etwas zu reinen Haut und den etwas zu gleichmäßig geformten Augen.** [...] V

3 **a** Lies den Zeitungsartikel Absatz für Absatz noch einmal.
b Ordne den Absätzen folgende Zwischenüberschriften zu.
Tipp: Achte besonders auf die **fett gedruckten Textstellen.**

- [ ] Woran erkennt man, dass Miquela kein Mensch ist?
- [ ] Welche Regeln gelten in sozialen Medien für künstliche Influencer?
- [A] Wer ist Miquela und was macht sie?
- [ ] Wer hat Miquela programmiert?
- [ ] Was ist der klare Vorteil von Robotor-Influencern?
- [ ] Wer sind Influencer und was machen sie?

4 Fasse den Artikel mit eigenen Worten zusammen.
Verwende dafür die Zwischenüberschriften aus Aufgabe 3.

Die Autorin Elisabeth Kagermeier führt zu Beginn des Artikels „Ist die echt?“ in das Thema ein. Sie erklärt den Leserinnen und Lesern, wer Miquela ist und was ____________________. In Absatz B erläutert sie, wer ____________________ und ____.

Im nächsten Absatz nennt sie die __________________________________.

Dann in Absatz D geht es darum, welche Regeln ________________________________

____.

In Absatz E erfährt man, wer____.

Zum Schluss informiert die Autorin darüber, woran ______________________________

____.

Einen Sachtext erschließen und zusammenfassen
Vor dem Lesen:
Lest die Überschrift und den Vorspann des Textes. Betrachtet die Abbildungen.
Überlegt: Worum könnte es in diesem Text gehen?
Beim Lesen:
Lest den Text. Formuliert das Thema.
Lest den Text noch einmal Absatz für Absatz. Klärt die Bedeutung unbekannter Wörter.
Formuliert zu jedem Absatz eine Zwischenüberschrift als Stichwort, Frage oder Satz.
Nach dem Lesen:
Fasst den Inhalt des Textes mit eigenen Worten zusammen.

Fake News erkennen

1 a Lies den Text.

Ungeheuerlich: Unterrichtsbeginn ab 6 Uhr

www.diewahrheit.com/ungeheuerlich

Es ist nicht zu fassen, was sich die Zuständigen für Schulpolitik alles so einfallen lassen. Die neueste Idee: In Nordrhein-Westfalen sollen alle Schulen ab dem kommenden Schuljahr bereits um 6 Uhr mit dem Unterricht beginnen.

Die Begründung für diese Änderung lautet: Der öffentliche Verkehr zur Hauptverkehrszeit soll entlastet werden.

Es ist empörend, dass die Verantwortlichen Familien zumuten, demnächst noch früher aufzustehen. Sie selber werden wohl nicht um 6 Uhr mit ihrer Arbeit beginnen.

Anders als die öffentlichen Behörden sollen Schülerinnen und Schüler noch früher aufstehen und schon am frühen Morgen etwas leisten.

Typisch, wie hier wieder einmal mit zweierlei Maß gemessen wird. Es gibt die da oben und die da unten – die unverschämten Entscheider und die beklagenswerten Opfer, nämlich die normalen Familien mit Kindern!

b Wie wirkt der Artikel auf euch? Sprecht darüber.

Der Artikel hat mich beunruhigt/aufgewühlt, weil …

Ich habe mich ziemlich erschrocken über diese Meldung, weil …

2 Stellt Vermutungen an: Wer könnte diesen Artikel veröffentlicht haben? Mit welcher Absicht wurde der Artikel veröffentlicht?

Schülerinnen und Schüler … • Lehrerinnen und Lehrer … • Eltern …

… anstacheln • … hetzen • … ärgern

3 Welche Gefühle weckt der Artikel bei euch? Tauscht euch aus. Beachtet dazu die markierten Textstellen.

die Wut • der Ärger • der Unmut • die Freude • die Angst

4 Woran könnt ihr erkennen, dass der Artikel eine Falschmeldung (Fake News) ist?
Tipp: Lest dazu den Informationskasten.

Fake News in sozialen Netzwerken

Fake News sind **gefälschte Nachrichten,** die **absichtlich verfasst** werden.
Fake News werden häufig **über das Internet verbreitet.**
Die Verfasser von Fake News verfolgen **unterschiedliche Absichten:**
- Sie wollen die Meinung zu bestimmten Themen beeinflussen.
- Sie wollen das Image bestimmter Personen oder Gruppen schädigen.
- Sie wollen Klicks auslösen und damit Geld verdienen.

Fake News haben oft **reißerische Überschriften,** die **Gefühle** wie Angst, Ärger, Empörung oder Wut bei den Lesenden wecken.

Einen Klassenblog gestalten

1 **a** Lies den Klassenblog.

Durchblick – Top!

Blog der Klasse 8a der Lilienthal-Schule

SCHULLEBEN | GESUNDHEIT | UMWELT | LOKALES | KULTUR | SPORT   D

30. Juni / Schreibe einen Kommentar

24-Stunden-Schwimmen für einen guten Zweck

Was für eine Schulaktion, und das 24 Stunden lang!

Am letzten Freitag wurde ab 8 Uhr 24 Stunden durchgeschwommen – für einen guten Zweck. Um kurz vor 8 Uhr kamen zunächst die Jahrgänge fünf und sechs mit ihren Lehrerinnen und Lehrern in das Schwimmbad in der Innenstadt. Schnell bevölkerten sie die Sitze auf der Zuschauertribüne und schon ging es los.

b Wie ist der Klassenblog aufgebaut?
Beschrifte ihn mit den passenden Buchstaben.

A das Datum und die Kommentarfunktion • **B** das Foto • **C** der Link • **D** die Ressorts (die Themenbereiche) • **E** die Schlagzeile • **F** der Blogbeitrag • **G** der Name des Blogs

2 Welche Blogeinträge passen zu welchen Ressorts (Themenbereichen)? Verbinde.

Gesundheit	Das Fußballturnier und seine Sieger
Umwelt	Buchvorstellung
Lokales (Nachrichten aus dem Ort)	Neueröffnung: Der erste Jugendtreff in unserer Stadt
Kultur	Bessere Luft durch Elektro-Scooter
Sport	Problem Verpackungsmüll

Der Blog
- Ein **Blog** ist eine selbst erstellte **Webseite,** auf der man eigene Beiträge veröffentlicht.
- Die Beiträge können bestimmten **Ressorts** (Themenbereichen) zugeordnet und miteinander **verlinkt** werden.
- Manche Blogs bieten auch **Kommentarfunktionen** für Leserinnen und Leser an.

Einen Klassenblog anlegen und führen

Den Klassenblog planen

1 Recherchiere zu dem Thema **Aktivitäten im Ort**.

a Erkundige dich bei Klassenkameraden, Freunden, Eltern, Bekannten usw.
b Suche im Internet und in Zeitungen nach Informationen.
c Mache dir Notizen zu folgenden Fragen.

A Was wird für Jugendliche eures Alters in eurem Wohnort angeboten?

B Welche Vereine gibt es?
Sportvereine, Musikvereine …

C Welche Veranstaltungen sind wichtig?
Kino, Theater, …

D Wo kann man sich treffen und aufhalten?

E Welche Plätze sind beliebt?

F Wo findet man genauere Informationen?

2 Schreibe einen Beitrag für euren Blog zu dem Ressort (Themenbereich) **Aktivitäten im Ort.**

Ressort (Themenbereich): **Aktivitäten im Ort**

- Plätze, die für Jugendliche attraktiv sind
- Möglichkeiten der Freizeitgestaltung in eurem Wohnort
- Veranstaltungstipps für Jugendliche

3 Suche nach passenden Bildern, zum Beispiel vom Skaterplatz.

10 „Spin or God is a DJ" –
Einen Kurzfilm untersuchen

1 Das Bild stammt aus einem Kurzfilm. Beschreibt die Szene.

> Auf dem Foto sehe ich …

> Der DJ steht an seinem Mischpult und …

2 Der Titel des Kurzfilms lautet: **Spin or God is a DJ.**
Welche deutsche Übersetzung macht euch neugierig? Sprecht darüber.

Wendung oder Gott ist ein DJ

Zurückgedreht oder Gott ist ein DJ

3 Worum könnte es in dem Kurzfilm gehen?
Nennt eure Erwartungen.

> Ich glaube, in dem Film kann der DJ …

> Ich vermute, dass er mit seinem Mischpult …

A

B

C

D

1 **a** Sieh dir die Bilder aus dem Kurzfilm genau an.

b Was geschieht auf den Bildern?
Ordne den Bildern die passenden Beschreibungen zu.
Trage die Buchstaben ein.

- ☐ Jemand prallt mit großer Wucht auf die Scheibe eines Autos. Das Glas zersplittert.
- ☐ Menschen stehen um einen verletzten Radfahrer herum.
- ☐ Ein Mann in einem Anzug fährt auf einem Fahrrad.
- ☐ Eine Mutter und ihre Tochter tragen Einkäufe.

2 Die **Bilder A bis D** ergeben eine Geschichte.
Notiert die richtige Reihenfolge.

B / ______ / ______ / A

3 Entwickelt in Vierergruppen eine kurze Geschichte zu den Bildern.
Die Sätze aus Aufgabe 1 b helfen euch dabei.

1

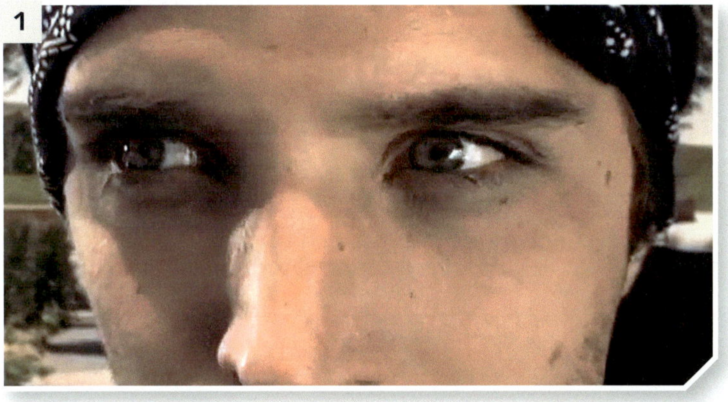

2

3

4 Auf allen drei Bildern ist der DJ zu sehen. Die Bilder sind in unterschiedlichen Kameraeinstellungen aufgenommen worden.

a Ordne den Bildern die entsprechenden Einstellungsgrößen zu.

Detail • Nah • Halbnah

Bild 1 ____________ Bild 2 ____________ Bild 3 ____________

b Warum werden unterschiedliche Einstellungsgrößen genutzt? Ordne die Erklärung der Kameraeinstellung zu.

Detail	Die Person wird in ihrer unmittelbaren Umgebung gezeigt. Man erkennt gut, wo sich die Person befindet.
Nah	Die Aufmerksamkeit wird auf ein wichtiges Detail gelenkt. Ein Teil ist dadurch stark vergrößert.
Halbnah	Man sieht die Person von der Schulter an. Der Gesichtsausdruck ist gut zu erkennen.

5 Aus welchen Perspektiven (Blickwinkeln) wurden die Bilder aufgenommen? Ordnet den Bildern die entsprechenden Kameraperspektiven zu. Sprecht darüber.

die Normalperspektive • die Vogelperspektive (Kamera schaut von oben) • die Froschperspektive (Kamera schaut von unten)

Die Story und die Figuren des Films kennen lernen

Die Handlung und den Aufbau erschließen

1 a Sieh dir den Kurzfilm **Spin or God is a DJ** an.
b Was ist euer erster Eindruck? Sprecht darüber.

Ich finde den Film …

Der Film hat mich zum Nachdenken gebracht, weil …

c Warum kommt der Film gut ohne Dialoge aus?
Sprecht darüber.

die Mimik (der Gesichtsausdruck) • die Geräusche • die Gestik (die Körperbewegung) • die Musik

2 Warum kommt der DJ auf die Erde?
Sprecht über eure Vermutungen.

Der DJ erscheint auf der Erde, um …

eingreifen • retten • verhindern • ändern • verbessern • …

3 Untersuche die Handlung und den Aufbau des Films.
Ordne die Szenen richtig zu. Verbinde.

1. Szene	Chaos und Schuss
2. Szene	Fahrradunfall
3. Szene	Rollstuhlunfall
4. Szene	Heile Welt

4 Diskutiert über den **Titel des Films.**
Lässt sich der DJ aus dem Film mit einem Gott vergleichen?
Denkt über folgende Stichpunkte nach:

Zeit zurückdrehen • ins Geschehen eingreifen • gute Taten • Macht

Der DJ lässt sich mit einem Gott vergleichen, weil …

Der DJ lässt sich nicht mit einem Gott vergleichen, weil …

Die Hauptfigur untersuchen

A 2:53

B 4:13

C 6:35

D 6:51

1 Untersuche die Gefühle und Gedanken des DJs.

a Sieh dir dazu die Szenen noch einmal genau an.

b Welcher Gedanke passt zu welchem Bild?
Schreibe das passende Bild hinter den Gedanken.

Bild A • Bild B • Bild C • Bild D

Das ist rundum zufriedenstellend! ____________________

Jetzt reicht es mir aber endgültig! ____________________

Dieses Mal passiert mir kein Fehler mehr! ____________________

Ich sollte lieber schnell verschwinden! ____________________

2 Am Ende des Films verschwindet der DJ ganz schnell.
Warum tut er das? Erklärt.

Ich denke, er verschwindet schnell, weil er sonst …

noch öfter eingreifen muss • noch mehr zu „verbessern" findet • sich nicht zurückhalten kann

Die Sprache des Films untersuchen

1 **a** Sieh dir die Filmbilder an.

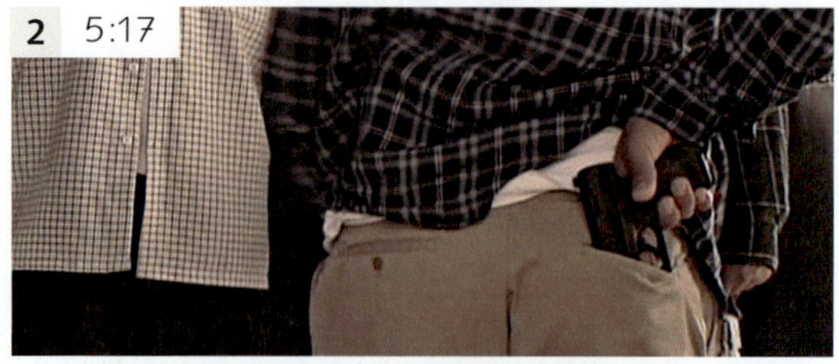

b Der DJ unternimmt einen letzten Versuch, um den Ereignissen eine gute Wendung zu geben. Gib das Geschehen wieder.
Vervollständige dazu die Sätze in deinem Heft.

Bild 1: Das kleine Mädchen möchte dem Breakdancer zuschauen und muss dazu durch …
Bild 2: Einer der Männer hatte gerade vor, seine Waffe …
Bild 3: Aber im selben Moment sieht er …
Bild 4: Auch die anderen Männer …
Bild 5: Die drei Männer schauen ruhig auf das Mädchen und scheinen vergessen zu haben, …
Bild 6: Der Mann wirkt nachdenklich. Ihm wird bewusst, dass …

2 Wie wird die Kamera eingesetzt?
Sieh dir dazu die Sequenz* 5:16 bis 5:27 noch einmal an.
Vervollständige die Tabelle in deinem Heft.

* mehrere Szenen, die zusammengehören

Kameraperspektive	Bild	Wirkung
Froschperspektive	1, …	So sieht man die Männer aus der Perspektive des …
Vogelperspektive	…	So sieht man die ganze …
Normalperspektive	2, …	So sieht man genau …

3 a Sieh dir das Bild an.
b Was fällt euch auf? Sprecht darüber.

Mir fällt auf, dass der Hintergrund …

undeutlich • verschwommen • durcheinander

4 a Dieses Bild ist ein sogenannter Mindscreen.
Beschreibe das Bild. Setze die Begriffe richtig ein.

der Vergangenheit • drei Männer • undeutlich und verschwommen

Im Vordergrund sieht man die ______________________________ im Profil.

Wie auf einer inneren Leinwand erscheinen hinter den Männern Bilder aus

______________________________.

Diese Bilder sind ______________________________.

b Die englischen Begriffe **mind** und **screen** bedeuten übersetzt **Gedanken** und **Bildschirm/Leinwand**.
Was ist ein Mindscreen? Vervollständige die Sätze.

Ein Mindscreen stellt sozusagen die ______________________________ einer Person

auf ______________________________ dar.

c Auf dem Bild werden die Gedanken und Erinnerungen der drei Männer dargestellt. **Was wird dem DJ klar,** als er sozusagen in ihre Köpfe gucken kann? Setze folgende Wörter sinnvoll ein.

friedlich • Gangster • gute • Kindheit

In dem Mindscreen sieht der DJ die Erinnerungen der Männer an ihre

_______________.

Dadurch wird dem DJ klar, dass auch diese drei _______________

einmal Kinder waren.

Das heißt, auch diese hart wirkenden Männer sind in Wirklichkeit

_______________ Menschen und wollen _______________

zusammenleben.

5 Untersucht die **Musik im letzten Teil** des Films. Seht euch dazu noch einmal Minute 4:22 bis 6:22 an.

a Der DJ dreht die Zeit zurück und sieht die Vergangenheit der Figuren. Beschreibt die Musik in dieser Sequenz.

Die Musik passt zur Stimmung und ist eher …

schnell • dramatisch • energisch

b Der alte Mann hebt den Basketball auf. Von dort an wendet sich alles zum Guten. Beschreibt die Musik während dieser Sequenz.

Die Musik ist …

heiter • entspannt • hoffnungsvoll • ruhig

6 **Geräusche und Musik** spielen in dem Film eine große Rolle. Erklärt, warum.

Geräusche und Musik spielen in dem Film eine große Rolle, weil …

nicht gesprochen wird • die Figuren nicht sprechen

Durch Musik und Geräusche wird die Handlung unterstützt, dadurch …

wird Stimmung erzeugt • werden Gefühle erzeugt

11 Ungewöhnliche Hobbys, starke Rekorde – Grammatiktraining

A

B

C

D

1 Sammelleidenschaft:
Welche Sammlungen zeigen die **Fotos A bis D?**
Ergänzt eure Aussagen mit Adjektiven und Nomen.

viele • bunte • kleine • schön • alte • Roboter • Fußballerbilder • Briefmarken • Steine

Auf Foto A/B/C/D sieht man …

2 Welche Sammlung würdet ihr euch gern anschauen?
Begründet eure Aussage.

witzig • interessant • spannend • selber sammle • selber sammeln möchte

Ich würde mir gern … anschauen, weil/da …

3 Was sammelt ihr?
Berichtet von euren Sammlungen.

Geocaching

Urban Knitting

Brickfilming

A Bei meinem Hobby sind kleine Plastikfiguren die Stars. Mit diesen Figuren werden witzige Filme gedreht.

B Meine Freunde sagen, ich sei verrückt. Die Leidenschaft für Brechtüten müsse man nicht verstehen.

C Am liebsten würde ich jedes Wochenende gegen Orks kämpfen. Ich wäre unbesiegbar! Aber ich bräuchte mehr Kostüme.

1 Was macht ihr am liebsten in eurer Freizeit?

a Berichtet von euren Hobbys und Lieblingsbeschäftigungen.

b Lies die **Aussagen A bis E**.

c Ordne den Aussagen die fünf Hobbys auf den Bildern zu. Trage den richtigen Buchstaben in die Kästchen ein.

2 Finde in den **Aussagen A bis D** jeweils zwei Beispiele für diese Wortarten:

das Verb (Tätigkeitswort) ______

der Artikel (Begleitwort) ______

das Nomen (Hauptwort) ______

das Adjektiv (Eigenschaftswort) ______

die Präposition (Verhältniswort) ______

das Personalpronomen (Fürwort) ______

das Possessivpronomen (besitzanzeigendes Fürwort) ______

Life Action Role Play

Brechtüten sammeln

D In unserer Freizeit bestricken wir, meine Freunde und ich, Bäume, Straßenschilder und Fahrradständer in unserer Stadt. Ich habe das Stricken vor drei Jahren gelernt.

E An freien Tagen will ich Schätze suchen! Die kann man an vielen Orten in der Stadt finden.

F Menschen haben schon immer Dinge gesammelt. Heute sammeln viele Leute Programmhefte und Eintrittskarten, damit sie die schönen Erlebnisse nicht vergessen. Andere tragen Dinge zusammen, die sie schön finden. Sie tauschen sich oft gerne mit Gleichgesinnten aus. Diese Kontakte machen das Sammeln auch reizvoll.
(Professorin für Museumskunde)

3 Verbinde die Begriffe jeweils mit der richtigen Übersetzung.

Live Action Role Play		Filme mit Bausteinfiguren
Geocaching		GPS-Schnitzeljagd
Brickfilming		städtisches Stricken
Urban Knitting		Live-Action-Rollenspiel

4 Finde in den **Texten A bis F** folgende Verbformen. Unterstreiche sie.

die Präsensform (F): tragen zusammen, tauschen aus

die Perfektform (D): habe gelernt

das Aktiv (B): (meine Freunde) sagen

das Passiv (A): werden (Filme) gedreht

das Modalverb (E): will suchen • kann finden

die Konjunktiv I (indirekte Rede) (B): sei verrückt • müsse (man nicht) verstehen

die würde-Ersatzform (C): würde kämpfen

Verben und ihre Formen untersuchen

Verben in verschiedenen Zeitformen verwenden

1 **a** Lies, was der Schüler über sein Hobby erzählt.

Vor etwa einem Jahr habe ich mit Urban Knitting begonnen. Nachdem ich mir ein Bein gebrochen hatte, konnte ich eine Weile nicht laufen. Mir war langweilig. Deshalb hat mir mein Bruder das Stricken gezeigt. Nachdem ich das gelernt hatte, habe ich in unserer Stadt umstrickte Baumstämme gesehen. Das sah cool aus! Mein Bruder und ich wollten das auch probieren. Wir haben mit Strickschläuchen Regenrinnen verschönert. Alle fanden das klasse. Danach haben wir uns an einen Baumstamm getraut. Das hält bis heute! Irgendwann werden wir die Laternen in unserer Straße bestricken. Das ist unser Ziel. Alle werden staunen! Aber das wird echt lange dauern.

b Habt ihr schon einmal bestrickte Bäume oder Laternen gesehen?
Was habt ihr beim Anblick gedacht oder was habt ihr euch gefragt? Berichtet.

2 Suche zu allen farbigen Zeitformen ein eigenes Beispiel im Text.
Markiere die Beispiele mit der passenden Farbe.

Vergangenheit			Gegenwart	Zukunft
Plusquamperfekt	Präteritum	Perfekt	Präsens	Futur I
ich hatte gebrochen	es sah	ich habe begonnen	es hält	wir werden bestricken

Die Zeitformen

- Verben im **Präsens** (Gegenwartsform) geben an, was **allgemein gültig** ist, was jetzt **in diesem Augenblick** geschieht oder was in der **Zukunft** geschehen wird.
  Beispiel: er strickt
- **Futur I** (Zukunftsform) verwendet man, um über die **Zukunft** zu sprechen.
  Beispiel: er wird stricken
- Das **Präteritum** (Vergangenheitsform) verwendet man für **Schriftliches.**
  Beispiel: er strickte
- **Perfekt** (Vergangenheitsform) kommt häufig im **Mündlichen** zum Einsatz.
  Beispiel: er hat gestrickt
- Wenn es in der Vergangenheit zwei Handlungen gab, verwendet man für die frühere Handlung **Plusquamperfekt** (Vorvergangenheitsform).
  Beispiel: er hatte gestrickt

Modalverben verwenden

1 Lies, was die Schülerin über ihr Hobby erzählt.

Ich suche jedes Wochenende Schätze! Die kann man überall finden: hinter Briefkästen, in Mauerlöchern, unter Parkbänken und Brücken und auf Bäumen. Man muss dafür nur eine App runterladen. Dann kann die Suche nach den „Caches" beginnen. Ich habe auch schon zwei versteckt. Das ist ganz einfach! Zuerst muss man einen interessanten Ort finden. Dann muss man dort eine Dose mit einem Logbuch verstecken und die Koordinaten des Ortes im Internet hochladen. Der Ort soll eine besondere Geschichte haben. Natürlich darf man den Cache nicht an gefährlichen Orten ablegen. Auch auf einem Privatgelände geht es nicht. Ihr könnt beim Geocaching geheimnisvolle Orte in eurer Nähe entdecken. Dafür müsst ihr überhaupt kein Geld ausgeben. Diesen Sommer will ich meinen 1000. Cache finden!

2 **a** Untersucht zu zweit die markierten Modalverben.
Geht dabei so vor:
- Lest abwechselnd einen Satz mit Modalverb vor.
- Formuliert ihn dann ohne Modalverb. Schreibt beide Sätze auf.

Die kann man überall finden. → Die findet man überall.

Zuerst

b Markiere alle Modalverben in dem Text von Aufgabe 1 a:
können, sollen, müssen, dürfen, wollen.
Tipp: Es müssen insgesamt 10 Modalverben sein.

3 Würdest du Geocaching gern einmal ausprobieren?
Begründe deine Antwort.
Schreibe deine Begründung in einem Satz auf.
Tipp: Die Wörter im Kasten können dir bei deiner Begründung helfen.

spannend • lustig • uncool • interessant • ungewöhnlich • uninteressant • kostet kein Geld • findet draußen statt • merkwürdig

Beginne so: Ich würde Geocaching ______________________,

weil ______________________

______________________.

4 **a** Was genau bedeuten die Modalverben?
Verbinde die Modalverben auf den Deckeln mit den richtigen Dosen.
Tipp: Ein Deckel passt auf zwei Dosen.

b Kontrolliert anschließend zu zweit mit Hilfe des Informationskastens.

Die Modalverben

- Das drücken Modalverben aus: **Absichten, Wünsche, Empfehlungen, Vorschriften, Möglichkeiten, Pflichten, Zwänge** oder **Fähigkeiten.**
- Modalverben stehen mit einem weiteren **Verb im Infinitiv** (Grundform) zusammen. Sie **verändern** die **Bedeutung des Verbs:**

Modalverb	verdeutlicht ...	Beispiel
können	Möglichkeit, Fähigkeit	Man kann neue Orte entdecken.
sollen	Vorschrift, Empfehlung	Die Orte sollen interessant sein.
müssen	Zwang, Pflicht	Die Dosen müssen wasserdicht sein.
dürfen	Erlaubnis	Jeder darf mitmachen.
wollen	Absicht, Wunsch	Manche wollen 100 Caches pro Jahr finden.

Verben im Aktiv oder im Passiv verwenden

1 Lies, was dieser Schüler über sein Hobby erzählt.

In meiner Freizeit drehe ich Brickfilme. Das sind Filme mit kleinen Plastikfiguren. Ich denke mir kurze Geschichten aus und filme diese im Stop-Motion-Verfahren. Dabei werden die Figuren zuerst aufgestellt. Dann werden sie fotografiert. Anschließend werden sie ein kleines Stück weiterbewegt. Danach werden sie wieder fotografiert. Man möchte natürlich flüssige Bewegungen sehen. Dafür müssen eigentlich 24 Bilder pro Sekunde gezeigt werden. So ein Film kann fast überall gedreht werden. Ich mache das an meinem Schreibtisch und nutze ein einfaches Computerprogramm. Die Filme lade ich dann auf meiner Webseite hoch. Ich habe schon 57 Follower!

2 Untersuche die beiden farbigen Sätze im Text.
Welcher steht im **Aktiv**, welcher im **Passiv**? Ergänze die beiden Sätze.
Tipp: Aktivsatz: Der Handelnde wird genannt. Er steht im Mittelpunkt.
Passivsatz: Der Handelnde wird nicht genannt. Die Handlung steht im Mittelpunkt.

Der rote Satz steht im ______________________________.

Der grüne Satz steht im ______________________________.

3 Suche in dem Text oben fünf weitere Passivsätze. Schreibe sie in dein Heft.
Tipp: Die grünen Markierungen im Text helfen dir.

4 Markiere in drei Aktivsätzen den Handelnden (hier: ich) farbig.

5 Markiere die Verbformen im Aktiv im Informationskasten für alle vier Zeiten rot und die Verbformen im Passiv grün.

Aktiv und Passiv sind Verbformen, die ein Geschehen unterschiedlich darstellen.
Im **Aktiv** wird betont, **wer** etwas tut oder wer handelt.
Beispiel: **Er** dreht den Film.
Im **Passiv** steht die **Handlung** im Mittelpunkt.
Beispiel: Der Film **wird gedreht.**
So bildet man das Passiv: Personalform von werden + Partizip II:

	Aktiv	**Passiv**
Präsens	Er dreht den Film.	Der Film wird gedreht.
Präteritum	Er drehte den Film.	Der Film wurde gedreht.
Perfekt	Er hat den Film gedreht.	Der Film ist gedreht worden.
Plusquamperfekt	Er hatte den Film gedreht.	Der Film war gedreht worden.

Die würde-Ersatzform verwenden

1 **a** Lies den Text.

Die Qual der Wahl: Ork oder Kriegerin, Gaukler oder Elfe?

Wenn du an einem LARP-Event* teilnehmen möchtest, solltest du dir vorher überlegen, wen du gern spielen würdest. Zuerst musst du dich für eine Figur entscheiden: Würdest du lieber einen Bogenschützen oder eine Amazone darstellen? Trätest du lieber als Hexe oder als Druide auf? Würde ein Fantasiewesen wie Zwerg oder Vampir zu dir passen? Nach dieser Entscheidung ständest du vor der nächsten Frage: Welche Charaktereigenschaften würdest du annehmen? Wärest du lieber eine kämpferische oder eine friedfertige Figur? Was wären deine Stärken? Welche Schwächen hättest du in dieser Rolle? Würdest du gern kämpfen? Würdest du andere gern anführen? Oder würdest du den anderen Figuren lieber nur folgen?

* die Rollenspiel-Veranstaltung

b Die Sätze mit den blau gefärbten Verben stehen im Konjunktiv II.
Sprichst du so? Statt der Konjunktiv-II-Form benutzt man häufiger die würde-Ersatzform.
Schreibe jeden Satz mit dem Konjunktiv II ab.
Setze ihn anschließend in die würde-Ersatzform.

ständest → würdest stehen
wärest → würdest sein
wären → würden sein
hättest → würdest haben

Trätest du lieber als Hexe oder als Druide auf?
Würdest du lieber als Hexe oder als Druide auftreten?

Nach dieser

Mit dem Konjunktiv I Gesagtes wiedergeben

1 Lies den Text.

Ein übles Hobby!? – Brechtüten aus Flugzeugen sammeln

In Österreich nennt man es „Speibsackerl“. In Deutschland spricht man von „Brechtüten“, „Spucktüten“ oder von „Kotztüten“. Noch unterschiedlicher ist das Aussehen der Tüten. „Es gibt richtige Schönheiten“, sagt Thomas Schmelzer. Er sammelt leidenschaftlich, nun ja, „Kotztüten“. Und damit ist er nicht allein. Seit es Passagierflüge gibt, leiden Fluggäste unter Reisekrankheit. Deshalb findet man in Passagierflugzeugen wasserdichte Tüten. Sie stecken für den „Notfall“ in einer Tasche an der Rückenlehne des Vordersitzes. Anfangs gab es auf den Tüten nur die Anweisung, die Tüte solle nach Gebrauch im Flugzeug bleiben. Eine Mitarbeiterin der Lufthansa berichtet, später seien immer mehr Fluggesellschaften auf die Idee gekommen, die Tüten mit witzigen Sprüchen oder originellem Aussehen zu verschönern. Damit wurden sie für Sammlerinnen und Sammler interessant. Sie nehmen unbenutzte Tüten aus Flugzeugen mit. Dann stellen sie Fotos ihrer Sammlungen auf Webseiten und tauschen sich über ihre Lieblingsstücke aus. Das klingt eklig. Den Sammlern ist das bewusst. Deshalb schreiben sie ihre Kommentare oft humorvoll. „Wir nennen uns Tütologen“, schreibt einer. Im Guinessbuch der Rekorde heißt es, der Niederländer Vermeulen besitze über 6000 Tüten von mehr als 1000 verschiedenen Fluggesellschaften. Der Niederländer gibt dort an, er habe diese Leidenschaft schon seit über 40 Jahren. Thomas Schmelzer seufzt: „Ihn beneiden wir alle.“ Aber wie kommt man darauf, so etwas zu sammeln? Thomas Schmelzer meint, die Sammelbegeisterung beginne oft zufällig. Er erklärt, viele Passagiere steckten eine solche Tüte zuerst nur als Andenken ein. Und er verrät den großen Traum aller Sammler von Brechtüten: „Wir suchen nach einer Tüte aus der Air Force One. Das ist das Dienstflugzeug des amerikanischen Präsidenten.“

2 **a** Was drücken die Verbformen in den markierten Sätzen aus? Beratet euch mit einer Partnerin oder einem Partner.
Tipp: Der Informationskasten auf der nächsten Seite kann euch helfen.

b Kreuze die richtige Aussage an.

A	☐	Die Verbformen zeigen, dass man über eine Vorstellung (nicht über die Wirklichkeit) spricht.
B	☐	Die Verbformen machen deutlich, dass jemand anderes das gesagt hat.
C	☐	Die Verbformen zeigen, dass man zu etwas aufgefordert wird.

Wenn man ausdrücken möchte, dass **jemand anderes etwas gesagt** oder **geschrieben hat**, dann verwendet man die **indirekte Rede.**
Das Verb steht im **Konjunktiv I.**
Beispiel: Bene sagt, er sammle Fußbälle.

3 Untersuche den Aufbau der markierten Sätze im Text mit indirekter Rede.

a Schreibe die Sätze auf.

b Markiere den Redebegleitsatz mit einer Farbe und die indirekte Rede (was jemand anderes gesagt oder geschrieben hat) mit einer anderen Farbe.

Anfangs gab es auf den Tüten nur die Anweisung, sie solle nach Gebrauch im Flugzeug bleiben.

Der Niederländer gibt dort an,

c Was genau hat jemand anderes gesagt oder geschrieben? Formuliere die indirekte Rede in direkte Rede um. Schreibe auf.

soll Auf der Tüte steht: „Sie soll nach Gebrauch im Flugzeug bleiben."

habe Der Niederländer gibt dort an: „Ich habe

beginnt Thorsten Schmelzer

stecken Er erklärt:

4 Untersuche die Verbformen in den markierten Sätzen im Text auf Seite 248. Geh dabei so vor:

a Übertrage die Tabelle in dein Heft.

b Schreibe die Konjunktiv-I-Formen in die Tabelle.

c Ergänze den Infinitiv (die Grundform) und die Präsensform.

Infinitiv (Grundform)	Konjunktiv I (indirekte Rede)	Präsens (direkte Rede)
sollen haben …	sie solle er habe	sie soll er …

Sätze untersuchen

Die Satzglieder mit der Umstellprobe bestimmen

1 **a** Lies die Sätze.

Der größte Hamburger der Welt

A Rudolf Dietl und Josef Zellner organisierten ein besonderes Ereignis.
B Mit ihrem Team ermöglichten die beiden Bayern einen Weltrekord.
C Am 9. Juli 2017 produzierten sie den schwersten Burger der Welt.
D 6000 Menschen verspeisten den Burger nach der Fertigstellung.

b Was denkt ihr über diesen Rekord? Sprecht darüber.

Ich finde diesen Rekord großartig / spannend / verrückt / fragwürdig / interessant, denn …

Ich frage mich, ob / wann / wie / warum …

Wenn ich den Bericht über diesen Rekord lese, denke ich …

2 **a** Stelle die Satzglieder in den **Sätzen A bis C** um.
Die Aussage soll sich dabei nicht verändern:

A Rudolf Dietl und Josef Zellner organisierten ein besonderes Ereignis.
Ein besonderes Ereignis organisierten Rudolf Dietl und Josef Zellner.
B Mit ihrem Team ermöglichten die beiden Bayern einen Weltrekord.

B → Einen Weltrekord ______________________________

____

B → Die beiden Bayern ______________________________

____

C Am 9. Juli 2017 produzierten sie den schwersten Burger der Welt.

C → ______________________________

____

C → ______________________________

____

b An welcher Stelle steht in allen Sätzen das Prädikat? Kreuze an.

☐ an 1. Stelle ☐ an 2. Stelle ☐ an 3. Stelle ☐ an 4. Stelle

Satzglieder mit Hilfe der Umstellprobe erkennen
– Sätze bestehen aus **Satzgliedern.**
Sie können **aus einem Wort** oder **aus mehreren Wörtern** bestehen.
– Mit der **Umstellprobe** findest du heraus, welche Wörter im Satz zu einem **Satzglied** gehören. Wenn man den Satz umstellt, **bleiben diese Wörter zusammen**.

Beispiel:
[Am 9. Juli 2017] [produzierten] [Freunde] [in Bayern] [den schwersten Burger der Welt].
[In Bayern] [produzierten] [Freunde] [am 9. Juli 2017] [den schwersten Burger der Welt].
[Den schwersten Burger der Welt] [produzierten] [Freunde] [am 9. Juli 2017] [in Bayern].

3 **a** Lies die **Sätze E bis I.**

E Dreihundert Menschen bereiteten den Burger an zwei Tagen zu.

F Ein Autokran hob die Fleisch-Pattys auf die untere Brötchenhälfte.

G Das gebratene Fleisch wurde mit Tomaten, Gurken und Käse belegt.

H Mit seinen 1162,4 Kilogramm übertraf der Burger alle bisherigen Rekorde.

I Am Ende wurde der Burger restlos aufgegessen.

Der **Kern des Satzes** ist das **Prädikat.** Das Prädikat ist immer ein **Verb.**
Es kann aus einen Teil oder mehreren Teilen bestehen.
Beispiel: Der Riesenburger wurde in viele kleine Portionen zerteilt.

b Markiere das Prädikat in den **Sätzen E bis I**.
Tipp: Es ist immer ein Verb.

übertraf • hob • musste gegessen werden • bereiteten zu • wurde belegt

c Ermittle **das Subjekt** in den **Sätzen E und F** mit der Frageprobe.
Schreibe die beiden Fragen auf.
Tipp: Nach dem Subjekt fragst du: Wer oder was …?

E: Wer oder was bereitete den ______________________________?

Antwort: ______________________________ = Subjekt

F: Wer ______________________________

______________________________?

Antwort: ______________________________ = Subjekt

d Markiere das Subjekt in den **Sätzen E und F.**

Sätze zu Satzreihen oder Satzgefügen verbinden

1 a Lies die Sätze.

Die größte Mütze der Welt

A Tausende waren begeistert, als das Strick-Talent Sylvie Rasch zu einem Rekordversuch als „Zeichen für Liebe und Wärme" aufrief.

B Die Unterstützerinnen und Unterstützer des Rekords strickten Mützen, denn es sollte eine Mützenskulptur entstehen.

C In einer großen Halle wurde ein vier Meter hohes Gestell aufgebaut, damit man aus 3449 Einzelmützen eine riesige Mütze formen konnte.

D Am 16. März 2019 wurde der Mützen-Weltrekord auf einer Messe in Dortmund verkündet, doch schon wenige Tage später wurde das Kunstwerk wieder abgebaut.

E Der gute Zweck der Aktion bestand darin, dass man die Mützen verteilte.

b Markiere in den **Sätzen A bis E** die Konjunktionen (Bindewörter) passend gelb oder rot.
Tipp: Die Erklärungen im Kasten helfen dir.

> **Konjunktionen** sind Bindewörter, die Sätze verbinden.
> - Die Konjunktionen doch, denn, aber, und, oder verbinden **Hauptsätze** = Satzreihe.
>   In beiden Hauptsätzen stehen die **Prädikate an der zweiten Satzgliedstelle.**
>   Beispiel: Die Riesenmütze war ein Weltrekord, aber man baute sie bald wieder auseinander.
> - Die Konjunktionen weil, da, als, während, nachdem, dass, wenn, obwohl, damit verbinden **Hauptsatz und Nebensatz** = Satzgefüge.
>   Im **Nebensatz** steht das **Prädikat an der letzten Satzgliedstelle.**
>   Es ist immer ein **Verb.**
>   Beispiel: Viele Menschen beteiligten sich an der Aktion, weil sie einem guten Zweck diente.

c Unterstreiche in den **Sätzen A bis E** jeweils die zwei Prädikate.

~~waren~~ • ~~aufrief~~ • stricken • entstehen • wurde aufgebaut • formen konnte • wurde verkündet • wurde abgebaut • bestand • verteilte

2 Verbinde die beiden Sätze mit einer dieser Konjunktionen: denn, damit.
Setze das Komma.

Die Mützen verteilte man an Obdachlose. + Sie können sich gegen Kälte schützen.

Mit Relativsätzen Wörter genauer erklären

1 a Lies die Überschrift und die beiden **Sätze A und B.**

Die am schnellsten gefalteten und am weitesten fliegenden Papierflieger

☐ **A** Ein Papierflieger ist ein Flugobjekt.	☐ **B** Ein Papierflieger ist ein Flugobjekt, das aus einem Blatt Papier gefaltet wird.

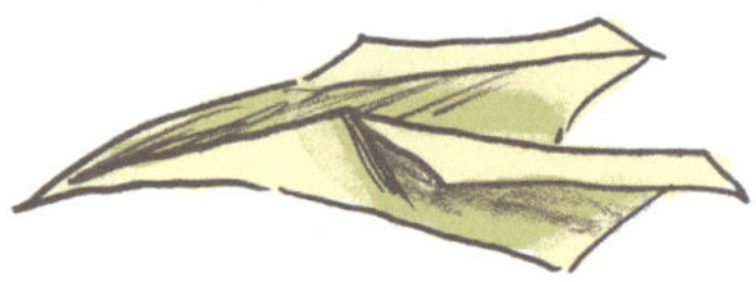

b Vergleiche die **Sätze A und B.**
Welcher Satz erklärt genauer, was ein Papierflieger ist?
Kreuze an.

2 a Lies die **Sätze C bis G**.

C Der Japaner Akimichi Hattori erzielte einen Weltrekord bei einem Papierflieger-Wettbewerb, der am 3. August 2019 in Tokio stattfand.

D Für den Wettbewerb, der die Schnelligkeit beim Falten und Werfen testete, gab es strenge Vorgaben.

E Es wurden nur Papierflieger zugelassen, die siebenmal gefaltet waren.

F Nur die Flieger wurden anerkannt, die eine scharfe Spitze aufwiesen und mindestens zwei Meter weit flogen.

G Nur sieben Sekunden betrug die Zeit, die der Japaner für das Falten und Werfen eines solchen Papierfliegers benötigte.

b Wie lange brauchte der Japaner zum Falten und Werfen seines Papierflugzeugs? Beantworte die Frage.

____

3 a Markiere in den **Sätzen D bis G** das Relativpronomen (der, die, das) farbig.
Tipp: Vor dem Relativpronomen steht ein Komma.

b Unterstreiche in den **Satzgefügen D bis G** die Relativsätze (Nebensätze).
Tipp: Die Relativsätze werden vom Relativpronomen eingeleitet.

4 Was genau ist ein Papierflieger? Schreibe auf.
Tipp: Lies noch einmal die Aufgaben 1 a und b.

____

____

5 Welches Wort wird mit den **Relativsätzen E und F** genauer erklärt?
Markiere es farbig.

E Es wurden nur Papierflieger zugelassen, die siebenmal gefaltet waren.
Der Relativsatz heißt: die siebenmal gefaltet waren.
Tipp: Frage mit dem Relativsatz: Was wurde siebenmal gefaltet?
Antwort: Papierflieger

F Nur die Flieger wurden anerkannt, die eine scharfe Spitze aufwiesen.

Der Relativsatz heißt: die ______________________________.

Frage: Was wies ______________________________?

Antwort: ______________________________

6 a Lies die **Sätze A bis C.**

Der längste Papierflieger-Flug der Welt

A 29,2 Sekunden lang blieb der Papierflieger in der Luft, ______________ von dem Japaner Takua Toda entwickelt worden war.

B Am 19. Dezember 2010 fand bei einem Wettbewerb ein Flug statt, ______________ bisher der längste Papierflug der Welt war.

C 2009 wurde von Takua Toda bereits ein Rekord aufgestellt, ______________ nur 1,3 Sekunden kürzer war.

b Welche **Relativpronomen** passen bei den **Satzgefügen A bis C?**
Setze ein.
Tipp: Relativpronomen sind zum Beispiel: **der, die, das, welche, welcher, welches.**

c Unterstreiche die Relativsätze.
Beispiel: A 29,2 Sekunden lang blieb der Papierflieger in der Luft,
der von dem Japaner Takua Toda entwickelt worden war.

Satzgefüge mit Relativsätzen
- **Relativsätze** sind **Nebensätze,** die Wörter im Hauptsatz davor genauer erklären.
- Sie werden mit einem Relativpronomen (der, die, das, welcher, welche, welches) eingeleitet.
  Das Relativpronomen bezieht sich auf das **Bezugswort im Hauptsatz.**
  Beispiel: Ein Papierflieger ist ein Flugobjekt, das aus Papier gefaltet wird.
  Bezugswort — Relativpronomen mit Relativsatz
- **Relativsätze** werden durch **Komma** vom Hauptsatz abgetrennt.

Mit Adverbialsätzen Angaben ergänzen

1 a Lies die **Sätze A und B**.

Die kürzesten U-Bahn-Trips

☐ **A** Zwei Deutsche besuchten 86 U-Bahnhöfe, damit sie einen neuen Rekord erreichen.

☐ **B** Zur Erreichung eines neuen Rekords besuchten zwei Deutsche 86 U-Bahnhöfe.

b Welcher Satz ist für dich leichter zu verstehen? Kreuze an.

2 a Lies die **Sätze C bis F.**

C Lorenz und Till planten, möglichst viele U-Bahnhöfe in Frankfurt zu erreichen, **weil** sie einen Weltrekord aufstellen wollten.

D Sie schafften den Rekord, indem sie alle 86 U-Bahnhöfe in drei Stunden, 21 Minuten und 15 Sekunden erreichten.

E Die beiden Ingenieure hatten ein Computerprogramm entwickelt, damit sie die schnellste Route berechnen konnten.

F Als sie am letzten Bahnhof ankamen, wurde die Zeit gestoppt.

b In den **Satzgefügen C bis F** sind die Nebensätze grün markiert und beginnen mit einer **Konjunktion** (Bindewort). Kreise die Konjunktionen ein.

c Unterstreiche die Prädikate in den Nebensätzen.
Tipp: In Nebensätzen stehen die Prädikate am Satzende.

d Die Informationen in den Nebensätzen kannst du erfragen. Markiere die Fragewörter.

C Warum planten Lorenz und Till eine U-Bahn-Challenge in Frankfurt?

D Wie schafften sie den Rekord?

E Wozu hatten die beiden Ingenieure ein Computerprogramm entwickelt?

F Wann wurde die Zeit gestoppt?

e Schreibe die Antworten in dein Heft.
Sie beginnen mit den **Konjunktionen** (Bindewörtern).
C Weil …

Satzgefüge mit Adverbialsätzen

- Adverbialsätze sind **Nebensätze,** die weitere Informationen zum Hauptsatz geben.
- Sie werden mit einer **Konjunktion** (einem Bindewort) eingeleitet: da, weil, indem, als, nachdem, während.

  Beispiel:

  Die Ingenieure erstellen einen Plan, damit sie alle U-Bahnhöfe schnell erreichten.

  Hauptsatz — Konjunktion — Adverbialsatz
- Adverbialsätze werden durch **Komma** vom Hauptsatz abgetrennt.

1 a Schreibe die passenden **Konjunktionen** (Bindewörter) **weil, da, wenn, obwohl** in die **Satzgefüge A bis C.**

A Der Rekordhalter Grisamore ist in seiner Heimatstadt seit vielen Jahren bekannt, ________________ seine Haare auffällig lang sind.

B Joseph kann man von Weitem sehen, ________________ er mit seiner Irokesenfrisur unterwegs ist.

C In einer Menschenmenge entdeckt man ihn sofort, ________________ er mit 2,94 Metern alle überragt.

b Bilde aus den **Satzpaaren D bis F** Satzgefüge mit Adverbialsätzen. Verwende die Konjunktionen (Bindewörter) in Klammern. Schreibe die Satzgefüge in dein Heft.

D Er benötigt wenig Zeit für die Haarpflege.	+ Seine Haare sind ungewöhnlich lang. (obwohl)
E Joseph hat Spaß.	+ Menschen reagieren auf seine Haarpracht verblüfft. (wenn)
F Er liebt den Irokesenschnitt.	+ Nur wenige Menschen haben diese Frisur. (da)

D Er benötigt wenig Zeit für die Haarpflege, obwohl …

Es gibt sechs verschiedene **adverbiale Satzarten:**

1. **Zeit:** Frage: Wann? Seit wann? ► Konjunktionen: während, als, nachdem
   Beispiel: Der Rekord wurde erreicht, als er am Ziel ankam.
2. **Grund:** Frage: Warum? ► Konjunktionen: weil, da
   Beispiel: Er trug Sportkleidung, weil er oft sprinten musste.
3. **Bedingung:** Frage: Unter welcher Bedingung? ► Konjunktionen: wenn, falls
   Beispiel: Der Rekord gilt, wenn alle Bahnhöfe erreicht wurden.
4. **Art und Weise:** Frage: Wie? Wodurch? ► Konjunktionen: indem, dadurch, dass
   Beispiel: Ihm gelang ein Rekord, indem er alle Bahnhöfe in Rekordzeit abfuhr.
5. **Absicht:** Frage: Wozu? ► Konjunktion: damit
   Beispiel: Er trägt Sportkleidung, damit er sprinten kann.
6. **Einräumung:** Frage: Trotz welcher Umstände? ► Konjunktion: obwohl
   Beispiel: Er brauchte sechs Stunden, obwohl er sprintete.

Nebensätze als Subjekt oder Objekt verwenden

1 **a** Lies die beiden **Sätze A und B.**

A Ein Akkordeonspieler braucht viel Armkraft.

B Wer ein Akkordeon mehrere Stunden lang spielt, braucht viel Armkraft.

b Vergleicht die **Sätze A und B** und erklärt:
Wie unterscheiden sie sich?
Tipp: Achtet auf den Satzinhalt, den Satzaufbau und die Satzlänge.

2 Lies die **Sätze C bis F.**

C Wer Akkordeonmusik liebt, kennt vielleicht den Musiker Anssi K. Laitinen.
D Beeindruckend ist, dass der Finne vom 11. bis zum 13. Juni 2018 genau 40 Stunden, 3 Minuten und 10 Sekunden lang Akkordeon spielte.
E Dass er den Weltrekord für das längste Akkordeonspiel erzielte, kann man sich vorstellen.
F Wer dem Akkordeonspieler bei seinem Rekordversuch zugehört hat, konnte finnische und internationale Hits erkennen.

3 Untersucht zu zweit die **Satzgefüge C bis F:**
Welcher Nebensatz ist ein Subjekt, welcher ein Objekt?
- Lest euch abwechselnd die Sätze vor und achtet auf die unterstrichenen Nebensätze.
- Erfragt abwechselnd die Nebensätze in **C bis F** mit den **Satzgliedfragen für Subjekt und Objekt.** Schreibt in euer Heft.

Die Satzgliedfragen:
das Subjekt:
Wer oder was …?
das Objekt:
Wen oder was …?

Beispiel: C Wer Akkordeonmusik liebt, kennt vielleicht den Musiker Anssi K. Laitinen.

Wer oder was kennt vielleicht den Musiker Anssi K. Laitinen?

Wer Akkordeonmusik liebt. (= Subjekt)

Satzgefüge mit Subjektsätzen oder Objektsätzen
- **Subjektsätze und Objektsätze** sind **Nebensätze.** Sie werden häufig mit der Konjunktion dass eingeleitet und durch ein **Komma** vom Hauptsatz getrennt.
- **Subjektsatz:** Der **Nebensatz** bildet das **Subjekt,** das im Hauptsatz fehlt.

Beispiel:
In Finnland ist bekannt, dass Anssi K. Laitinen ein sehr guter Akkordeonspieler ist.
Subjekt (Wer oder was ist in Finnland bekannt?)

- **Objektsatz:** Der **Nebensatz** bildet das **Objekt,** das im Hauptsatz fehlt.

Beispiel:
Die Menschen wissen, dass er viele Stunden lang Akkordeon spielen kann.
Objekt (Wen oder was wissen die Menschen?)

12 Rechtschreibung – Sicher in Strategien und Regeln

1 Prüft gemeinsam das Beispiel aus dem Rechtschreibgespräch: Schreibt man in diesem Fall BESONDERE groß oder klein? Begründet.

Aa

2 Wie schreibt man AUFFÄLLIGE in den folgenden Sätzen? Sprecht darüber.
Satz 1: Das AUFFÄLLIGE an der Papageienart Ara ist das besonders bunte Gefieder.
(→ Nomen mit Artikel/Begleiter)
Satz 2: Das AUFFÄLLIGE Gefieder der Papageienart Ara ist besonders bunt.
(Wie ist das Gefieder? → Adjektiv)

3 Schreibe **Satz 1 und Satz 2** aus Aufgabe 2 richtig auf.

Natürlich: Die Rechtschreibstrategien wiederholen

1. Strategie: Silben deutlich sprechen

- Sprich die Silben der Wörter beim Schreiben mit.
- Oder sprich die Silben beim Schreiben in Gedanken mit.
- Prüfe nach dem Schreiben die Wörter Silbe für Silbe.

2. Strategie: Verlängern

- Traue keinem Einsilber.
- Verlängere Einsilber: Damit du sie deutlicher in Silben sprechen kannst.
- Es gibt verschiedene Möglichkeiten zu verlängern:
  Verb (Tätigkeitswort): Bilde die wir-Form.
  Nomen: Bilde den Plural (die Mehrzahl).
  Adjektiv (Eigenschaftswort): Bilde eine Steigerungsform.

1 a Lest euch die folgenden Wörter gegenseitig vor.
Sprecht dabei deutlich in Silben.
der Boden, krabbeln, die Ameisen, sammeln, tragen, die Blätter, wimmeln, die Pilze

b Schreibe die Wörter auf. Setze Silbenbögen.

der Boden

2 Verlängere in dem Satz die markierten Einsilber mit Hilfe der **2. Strategie.**
Schreibe die Verlängerung auf.
Die Spinne webt im Wald klug ihr Netz.

Verb: webt ____________ Nomen: Wald ____________

Adjektiv: klug ____________

3. Strategie: Zerlegen und Verlängern

- Finde die versteckten Verlängerungsstellen in mehrsilbigen Wörtern.
- Zerlege und verlängere die einzelnen Wortteile.
  Verb (Tätigkeitswort): Bilde die wir-Form.
  Nomen: Bilde den Plural (die Mehrzahl).
  Adjektiv (Eigenschaftswort): Bilde eine Steigerungsform.

4. Strategie: Ableiten – Wörter mit ä und äu

- **e** und **eu** sind leicht mit **ä** und **äu** zu verwechseln, weil sie beim Sprechen ähnlich klingen.
- Gibt es verwandte Wörter mit **a** und **au,** schreibt man **ä** und **äu.**
  Beispiele: B**a**ll – B**ä**lle, B**au**m – B**äu**me
- Einige Wörter mit **ä** und **äu** kann man nicht einfach ableiten. Es sind **Merkwörter.**

3 Zerlege und verlängere die folgenden Wörter. Nutze die **3. Strategie.**
Schreibe zuerst die verwandten Wörter auf:

b oder p? – der Die ? stahl → die Diebe, der Diebstahl

le ? los → le ______, ______

d oder t? – die Lan ? schaft → die Län ______, die ______

g oder k? – die Flu ? bahn → die Fl ______, die ______

4 Welcher Buchstabe fehlt: **e oder ä, eu oder äu?** Nutze die **4. Strategie.**

a Findest du ein verwandtes Wort, verbinde es.
Dann wird es mit **ä** oder **äu** geschrieben, sonst mit **e** oder **eu.**

b Setze richtig ein.

die Z__hne, die Pl__tze, die M____se, g__lb, die Schw___rme, das Gew___sser

der Schwarm — das Wasser — der Zahn
die Maus — der Platz

Mit Strategien richtig schreiben

Wörter mit Doppelkonsonant

1 a Lies die Wörter still. Schwinge sie in Gedanken.

der Win ter • tra gen • die Kam mer • ren nen • die We ge • wen den • ho len

b Unterstreiche die erste Silbe, wenn sie geschlossen ist.
Tipp: Geschlossene Silben enden auf einen **Konsonanten** (Mitlaut): b, c, d, f, g, …
Offene Silben enden auf einen **Vokal** (Selbstlaut): a, e, i, o, u.

2 Untersuche die folgenden Wörter mit einer geschlossenen ersten Silbe genau.
a Welche Konsonanten (Mitlaute) stehen jeweils an der Grenze zwischen zwei Silben? Zeichne Silbenbögen.

der Winter • die Kammer • die Wolke • rennen • wenden • krabbeln

b Ordne die Wörter in die Tabelle ein.
Markiere die Konsonanten (Mitlaute) an der Silbengrenze mit der entsprechenden Farbe.

zwei **verschiedene Konsonanten**	zwei **gleiche Konsonanten** (Doppelkonsonant)
der Win ter	die Kam mer

3 Doppelte oder einfache Konsonanten (Mitlaute)?
Trage richtig in die Wörter ein.

1 Ameisen findet man in a____er (l/ll) We____t (l/ll),
2 auch im Hochgebirge und in Flu____landschaften (s/ss).
3 Man vermutet, es gibt über 12.000 Arten.
4 Sie sind sehr schne____(l/ll):
5 Die Wüstenameise scha____t (f/ff) einen Meter pro Sekunde.
6 Ameisen bauen teilweise Nester mit weit über 1000 Ka____ern (m/mm).
7 Dazu müssen 40 To____en (n/nn) E____de (r/rr) getragen werden!

Wörter mit ie oder i

1 **a** Sieh dir die Bilder an. Beantworte die Frage:
Welcher Pilz ist ein Fliegenpilz, welcher ein Pfifferling?

b Lies und schwinge die Namen der Pilze.
Achte auf die richtige Aussprache und die Schreibweise.

2 **a** Markiere i und ie bei den Wörtern im Kasten.
Einige **i-Laute** werden **lang gesprochen**, andere **kurz.**
Einige werden mit **ie** geschrieben, andere nur mit **i.**

> sieben • hinten • viele • billig • die Briefe • diese • die Biene • immer • der Winter • binden • tiefe • der Finger • der Sieger • die Kinder • wieder • bestimmt • die Bitte • niemals • der Irrtum • die Liebe • die Diebe

b Ordne die Wörter nach **i** und **ie.** Schreibe in dein Heft.
Wörter mit i: …
Wörter mit ie: …

3 Untersuche die Schreibung der **i-Laute.**

a Schreibe die grün markierten Wörter geordnet in die Tabelle.

b Zeichne Silbenbögen ein.

Giftige Pilze – tödliche Gefahr

Für Pilzsammler ist es wichtig, den giftigsten Pilz immer zu erkennen. Es ist der Grüne Knollenblätterpilz. Er wächst bei uns in Wäldern und auf Wiesen und sieht dem Wiesenchampignon sehr ähnlich. Doch diese Pilze darf man nie miteinander verwechseln. Denn jeder Bissen des Knollenblätterpilzes ist sehr giftig. Hat man versehentlich etwas von diesem Pilz gegessen, muss man sofort ins Krankenhaus fahren. Viele Pilzsammler zeigen die gesammelten Pilze in einer Beratungsstelle, bevor sie die Pilze essen.

Wörter mit ie (erste Silbe offen)	**Wörter mit i** (erste Silbe geschlossen)
Wiesen	giftigsten

Wörter mit ie und Wörter mit i

- Den **i**-Laut in einer **offenen Silbe** schreibt man meistens als **ie.**
  Beispiel: fliegen
- Den **i**-Laut in einer **geschlossenen Silbe** schreibt man als **i.**
  Ihm folgt ein Konsonant (Mitlaut). Beispiel: der Winter

Wörter mit s-Laut

1 **a** Lies die Wörter.

Einsilber: das Gras • groß • es passt • er liest • das Glas • der Fuß • sie reist • der Riss • der Kuss • der Spaß

Verlängerungen: die Gräser • die Späße • die Gläser • die Küsse • die Risse • wir lesen • wir reisen • die Füße • größer • wir passen

b Schreibe die Wörter passend in die Liste.
Schreibe zu den **Einsilbern** die **Verlängerungen** mit auf.

Wörter mit s: das Gras – die Gräser, ______________________________

____

Wörter mit ß: ____

____

Wörter mit ss: ____

____

2 Setze richtig ein: **s, ss oder ß.**
Tipp: Lies den Merkkasten.

lassen • Gras • bewiesen • riesigen • stößt • schließlich • frisst • weißen • diese • Wissenschaftler

1 Wi___enschaftler haben im Labor bewie___en, dass es
2 Pilze gibt, die in giftiger Erde weiterwachsen. Sie können
3 die___e „reinigen". Die Pilze breiten sich unterirdisch in einem rie___igen Geflecht aus
4 wei___en Fäden aus. Das Geflecht wächst auch weiter, wenn es auf einen verseuchten Boden
5 stö___t. Es fri___t die Giftstoffe und verdaut sie schlie___lich. Übrig bleiben gesunde
6 Erdschichten, die wieder Gra___ und andere Pflanzen wachsen la___en.

Wörter mit s, ss und ß
- Man schreibt ß, wenn die **erste Silbe offen** ist und der **s-Laut zischend.**
  Beispiel: die Straße, draußen
- Man schreibt s, wenn die **erste Silbe offen** ist und der **s-Laut summend.**
  Beispiel: die Hose
- Man schreibt ss, wenn die **erste Silbe geschlossen** ist.
  Beispiel: wir messen

Wörter mit h

1 a Lies den Text.

Baumeister Biber

Biber sind wahre Baumeister, das steht fest. Sie sind sehr intelligent, wenn es darum geht, Dämme zu bauen. Ein Biber kann dazu mit seinen scharfen Zähnen in einer Nacht mehrere hohe Bäume fällen. Die Dämme dienen ihm dazu, tiefe Wasserbecken zu schaffen. Daher kann der Eingang zur Biberburg unter der Wasseroberfläche liegen. In der Burg versorgt der Biber seine Nachkommen mit Nahrung. Dahin ziehen sich die Biber auch bei Gefahren zurück. Manchmal gräbt der Biber auch Höhlen im Uferbereich.

b Lest euch die gelb markierten Wörter gegenseitig deutlich vor. Könnt ihr das **h** hören?

c Lest euch die grün markierten Wörter gegenseitig deutlich vor. Ist hier das **h** zu hören?

d Trage die farbigen Wörter passend in die Tabelle ein.

h ist hörbar	h ist nicht hörbar

2 a Lies die Beispiele aus der Wortfamilie **wahr.**

b Alle Wörter aus dieser Wortfamilie werden mit **h** geschrieben. Markiere das **h**.

wa**h**r • die Wa**h**rheit • bewa**h**rheiten • unwa**h**rscheinlich • die Sinneswa**h**rnehmung

3 In dem Kasten befinden sich zwei Wortfamilien: das Jahr und nehmen.

a Markiere jede Wortfamilie mit einer eigenen Farbe.

b Kreise bei jedem Wort das ⓗ ein.

das Jahr • abnehmen • jährlich • vernehmen • die Vernehmung • das Benehmen • das Jahrhundert • das Geburtsjahr • volljährig • die Jahreszeiten • nehmen

Wörter mit h

- Bei **manchen zweisilbigen Wörtern** steht das **h** am Anfang der zweiten Silbe. Wenn man das Wort überdeutlich spricht, ist das **h** hörbar. Beispiele: dre-**h**en, wie-**h**ern, se-**h**en
- Bei **einsilbigen Wörtern** kann man das **h** nicht hören. Beispiele: er ge**h**t, die Ba**h**n

Nominalisierte Verben und Adjektive großschreiben

1 **a** Lies den Text.

Der wilde Tabak bringt die Wissenschaft **zum** Staunen. Er verfügt über **etwas** Ungewöhnliches – über Intelligenz. Das ist unter Pflanzen nicht unbedingt **das** Typische. Offenbar beherrschen die Samen des Tabaks **das** Riechen. Sie keimen nach **langem** Warten, sobald sie den Geruch von verbranntem Holz wahrnehmen. Sie beginnen also mit **dem** Wachsen, nachdem das Feuer Konkurrenten und Feinde ausgelöscht hat.

b Die grün markierten Adjektive und Verben werden hier großgeschrieben.
Markiere mit der entsprechenden Farbe die Begleitwörter davor: Artikel, Adjektiv, Präposition, Mengenangabe.
A Artikel (Beispiele: der, die, das, dem, den, ein, eine)
B Adjektiv (Beispiele: süß, sauer, lang, kurz)
C Präposition (Beispiele: beim, zum, vom, aufs, am)
D Mengenangabe (Beispiele: viel, wenig, mehr, etwas)

c Schreibe Begleitwörter und nominalisierte Adjektive oder Verben in dein Heft.

2 **a** Markiere in jedem Satz das Begleitwort farbig wie in Aufgabe 1.
b Schreibe den passenden **Buchstaben A bis D** in die Lücke.

1 Die Wissenschaft hat noch **mehr** Unglaubliches (_D_) beobachtet.

2 **Das** Erstaunlichste (____) ist: Der wilde Tabak kann über 140 verschiedene Stoffe erzeugen, auch das giftige Nikotin.

3 Die Pflanze versteht es **aufs** Beste (____), diese Stoffe perfekt einzusetzen.

4 Sie kann die Stoffe **zum** Anlocken (____) willkommener Bestäuber einsetzen,

aber auch **zum** Abwehren (____) von Fressfeinden.

5 Der wilde Tabak erkennt **am** Kauen (____), um welchen Feind es sich handelt.

6 Sofort beginnt **das** Verströmen (____) eines Stoffes **zum** Abwehren (____).

Nominalisierte Verben und Adjektive
Verben und Adjektive können zu **Nomen werden.** Dann schreibt man sie **groß.**
Beispiel: Pflanzen benötigen zum **Wachsen** Sonnenlicht.
Man erkennt sie am **Begleitwort:**
- **Artikel,** Beispiel: **das** Großartige
- **Adjektiv,** Beispiel: sein **langes** Überleben
- **Präposition** (plus Artikel), Beispiel: **zum** Lesen (**zu** dem Lesen)
- **Mengenangabe,** Beispiel: **etwas** Grünes

Herkunftsbezeichnungen richtig schreiben

Aa

1 **a** Lies den Text.

Prachtbauten und ihre Baumeister

Der Kölner Dom oder der Pariser Eiffelturm sind Prachtbauten, ebenso die ägyptischen Pyramiden und die New Yorker Freiheitsstatue. Sie wurden von Menschen erbaut. Aber man kann auch tierische Meisterwerke bewundern. Ein 850 Meter langer Damm wurde von kanadischen Bibern gebaut. Und australische Termiten sind nur millimetergroß und bauen trotzdem riesige Wohnburgen.

b Welche Tiere haben diese riesige Wohnburg auf dem Foto gebaut? Schreibe auf.

2 **a** Ordne die markierten Herkunftsbezeichnungen aus dem Text zu.

b Schreibe daneben die geografischen Eigennamen, von denen die Herkunftsbezeichnungen abgeleitet sind.

Bezeichnung auf -er (Großschreibung) → zugehöriger Eigenname

Kölner Dom Köln

Bezeichnung auf -isch (Kleinschreibung) → zugehöriger Eigenname

ägyptische Pyramiden Ägypten

3 Groß- oder Kleinschreibung? Setze richtig ein.
Tipp: Die Erklärungen im Merkkasten können dir helfen.

S/s ___ chweizer Käse, B/b ___ elgische Waffeln, L/l ___ übecker Marzipan

B/b ___ ayerische Brezel, H/h ___ amburger Hafen, I/i ___ talienisches Eis

S/s___ panische Tomaten, B/b ___ randenburger Tor, I/i ___ talienische Pizza

Herkunftsbezeichnungen
Herkunftsbezeichnungen auf -er schreibt man immer groß.
Beispiel: der Schweizer Käse
Herkunftsbezeichnungen auf -isch sind Adjektive und werden meist kleingeschrieben.
Beispiel: der spanische Wein

Zusammengesetzte Nomen und Adjektive

1 **a** Lies den Text.

Kugelspinnen arbeiten beim Beutefang und beim Netzbau zusammen. Diese winzigen Tiere bilden riesengroße Gemeinschaften mit mehreren tausend Spinnen. Sie hängen sich unter tellergroße Blätter und spinnen hauchdünne Fäden bis hinunter zum Boden. Wenn ein Insekt hineingerät, lassen sich gleichzeitig viele Spinnen blitzschnell und schnurgerade heruntergleiten. Sie verpacken ihr Beuteopfer gemeinsam in Spinnenseide und ziehen es hinauf. Dann teilen sie die Mahlzeit miteinander.

b Schreibe die farbigen zusammengesetzten Nomen und Adjektive passend in die Tabelle.

zusammengesetzte Nomen Nomen + Nomen wird großgeschrieben	**zusammengesetzte Adjektive** Nomen + Adjektiv wird kleingeschrieben
die Kugelspinne	riesengroß

2 Bilde **acht Adjektive** aus Farben. Schreibe sie in dein Heft.
Wähle dafür ein Wort aus dem 1. Kasten und verbinde es passend mit einem Wort aus dem 2. Kasten. Achte auf die Kleinschreibung.
Tipp: Die farbigen Markierungen helfen dir.

1 das Blut • der Himmel • tief • die Kreide • das Moos • die Maus • dunkel • das Stroh

2 blau • rot • grün • gelb • grau • braun • schwarz • weiß

blutrot,

Zusammenschreibung
Zusammengesetzte Nomen und Adjektive schreibt man **zusammen.**
- **Zusammengesetzte Nomen** werden großgeschrieben.
  - **zwei Nomen,** Beispiel: die Kreuzspinne – das Kreuz + die Spinne
- **Zusammengesetzte Adjektive** werden kleingeschrieben.
  - **Nomen und Adjektiv,** Beispiel: weltweit – die Welt + weit
  - **zwei Adjektive,** Beispiel: hellblau – hell + blau

Getrenntschreibung: Wortgruppen aus Nomen, Verben, Adjektiven

1 a Lies den Text.

Perfekter Spürsinn

Spinnen haben sich an ihre Lebensbedingungen perfekt angepasst. Ihre ausgeprägten Sinne entscheiden darüber, ob sie sich gegenüber Freund und Feind richtig verhalten, ob sie im richtigen Moment sitzen bleiben oder die Flucht ergreifen. Eine bestimmte Jagdspinne konnte sogar bei leitenden Firmenchefs Interesse wecken. Sie würden diese Spinne gerne kennen lernen. Sie jagt nämlich ohne Netz – in absoluter Dunkelheit. Kann sie besonders scharf sehen, fein riechen oder gut hören? Nein, sie spürt jede noch so kleine Erschütterung. So kann sie im richtigen Moment kraftvoll abspringen und ihre Beute im Sprung fangen.

b Wortgruppen werden getrennt geschrieben.
Schreibe die farbigen Wortgruppen passend zu den Begriffen in dein Heft.
Nomen und Verb: …
Verb und Verb: …
Adjektiv und Verb: perfekt angepasst

2 a Verbinde drei mögliche Wortgruppen aus **Verb und Verb.**
b Verbinde drei mögliche Wortgruppen aus **Adjektiv und Verb.**

Verb		Verb
sitzen		bleiben
stehen		lernen
singen		lassen
schreiben		üben

Adjektiv		Verb
lange		werden
schnell		bleiben
laut		sein
schön		sprechen

c Schreibe die drei Wortgruppen aus **Verb und Verb** auf.

d Schreibe die drei Wortgruppen aus **Adjektiv und Verb** auf.

Getrenntschreibung
Getrennt schreibt man in der Regel:
– Wortgruppen aus Nomen und Verb.
Beispiele: Rad fahren, Fußball spielen, Schlange stehen
– Wortgruppen aus Verb und Verb.
Beispiele: einkaufen gehen, lesen lernen, schwimmen können
– Wortgruppen aus Adjektiv und Verb.
Beispiele: lange warten, laut schreien, aufmerksam fahren

Fremdwörter erkennen

1 **a** Was bedeuten die Fremdwörter auf der linken Seite? Verbinde.
Tipp: Die Farben helfen dir.

die Faszination	greift an
die Attraktion	die Lage
definitiv	die fesselnde Wirkung
attackiert	die sehenswerte Besonderheit
die Situation	auf jeden Fall
imitiert	führt vor
demonstriert	die Fachleute
die Vibrationen	ahmt nach
die Experten	die Erschütterungen

b Schreibe die Bedeutung hinter die Fremdwörter im Text.

Portia-Springspinne

Für viele Menschen sind Spinnen eine Attraktion (sehenswerte Besonderheit). Als besonders intelligent gilt definitiv (__________) die Portia-Springspinne. Sie attackiert (__________) auf Nahrungssuche ausschließlich andere Spinnen (__________). Ihre Attacken passt sie an ihre Beute an und an die Situation (__________). Mal imitiert (__________) sie die Bewegungen eines Insekts (__________), das sich im Netz verfangen hat. Mal demonstriert (__________) sie den Paarungstanz einer anderen Spinnenart (__________), um diese Beute anzulocken. Wenn das nicht clever ist! Spinnen sind auch wahre Experten (__________), wenn es um Vibrationen (__________) geht.

Fremdwörter
- **Fremdwörter** sind Wörter **aus anderen Sprachen.**
  Beispiel: Garage → aus dem Französischen
- **Fremdwörter** erkennt man oft an der **Aussprache** und an der besonderen **Schreibung,** zum Beispiel an **Endungen:** -ieren, -ion und -iv
  oder an besonderen **Buchstabenkombinationen.**
  Beispiele: die Stro**ph**e, das **The**ater, der **Rh**y**th**mus

Zeichen setzen

Das Komma bei Aufzählungen und in Satzreihen

1 **a** Lies die Sätze.

Vorsicht Fehler!

1 Quallen sind durchsichtige glibberige unangenehme oder giftige Meeresbewohner, so denken manche Frauen Männer **und** Kinder.

2 Andere Menschen sind von Quallen fasziniert, sie bewundern ihre Schönheit Farben Muster **und** Formen.

3 Bestimmte Quallenarten können bei Menschen Beschwerden Ausschlag **oder** Lähmungen hervorrufen.

b In den Sätzen werden **Wörter aufgezählt.** Sie werden **durch Kommas getrennt.** Finde die Konjunktionen (Bindewörter) **und/oder** im Text. Markiere sie farbig.

c Setze Kommas in den Aufzählungen bei den Sätzen **1, 2** und **3.**
Tipp: Lies vorher den Informationskasten.

> **Kommasetzung bei Aufzählungen**
> **Kommas** stehen zwischen **aufgezählten Wörtern und Wortgruppen,** aber **nicht vor und/oder.**
> Beispiel: Quallen gibt es bei uns im Juni, Juli, August und September.

2 **a** Lies den Text.

Vorsicht Fehler!

Quallen sind wahre Überlebenskünstler. Sie können nicht nur ihr Körpergewicht um 99 Prozent verringern, sondern sie verspeisen im Notfall sogar ihre eigenen Geschlechtsorgane. Sogar im sauerstoffarmen Wasser können sie überleben aber das ist noch nicht alles. Eine bestimmte Qualle im Mittelmeer ist fast unsterblich. Auch ihre Zellen altern jedoch verjüngt sie sich dann wieder. Dafür sinkt sie zu Boden doch das geschieht nicht aus Schwäche. Dort führt sie ihre Zellen in das Ausgangsstadium zurück. So kann diese Qualle ewig leben jedoch darf sie vorher nicht an Land gespült oder gefressen werden.

b Einige Konjunktionen (Bindewörter) beschreiben einen Gegensatz:
aber, jedoch, sondern, doch.
Finde alle **fünf Konjunktionen** (Bindewörter) im Text. Markiere sie farbig.

c Setze ein Komma vor jede Konjunktion (jedes Bindewort).

> **Kommas** stehen **vor Konjunktionen** (Bindewörtern), die einen **Gegensatz** beschreiben:
> **aber, jedoch, sondern, doch.**
> Beispiel: Quallen gibt es bei uns im Sommer, aber nicht im Winter.

Das Komma in Satzgefügen

1 **a** Lies die Sätze.

1 Manche Tiere können ihr Aussehen so verändern, dass sie wie ein anderes Tier oder eine Pflanze aussehen.

2 In der Biologie spricht man von „Mimikry“ wenn Tiere sich so verhalten.

3 Manche Tiere ahmen andere nach weil sie so ihre Beute anlocken können.

4 Einige Tiere setzen solche Täuschungen ein damit sie vor ihren Fressfeinden geschützt sind.

b Setze vor die Konjunktionen (Bindewörter) **dass, wenn, weil, damit** ein Komma.

c Sätze, die mit diesen Konjunktionen (Bindewörtern) beginnen, sind **Nebensätze**.
Das Verb steht im Nebensatz am Satzende.
Unterstreiche die Verben in den Nebensätzen.

> Ein **Satzgefüge** besteht aus einem **Hauptsatz** und mindestens einem **Nebensatz.**
> Der Nebensatz wird **durch Komma** vom Hauptsatz **abgetrennt.**
> **Nebensätze beginnen** oft mit einer **Konjunktion** (Bindewort):
> **weil, dass, damit, wenn, da, nachdem, als.**
> Das gebeugte **Verb** steht immer **am Ende** des Nebensatzes.

2 **a** Lies den Text.

Ein Meister der Tarnung

Der Mimik-Oktopus ist ein wahrer Meister der Tarnung, weil er als einziges Tier mehrere Lebewesen nachahmen kann. Es ist einzigartig dass er das Aussehen von fünfzehn anderen Meeresbewohnern annehmen kann. Er ahmt verschiedenste Meeresbewohner wie Seeschlangen nach wenn er sich bedroht fühlt. Der Tintenfisch versteckt sich in einer Höhle und lässt nur zwei ausgebreitete Arme herausgucken damit er wie eine Seeschlange aussieht. Der Tintenfisch ändert seine Farbe und lässt seine Arme wie die Stacheln eines Feuerfisches aussehen wenn er den Feuerfisch nachahmt. Seine Fähigkeit ist einzigartig da er sich an Form, Farbe und Verhalten an das gewählte Vorbild anpasst.

b Schreibe die umrahmten Konjunktionen (Bindewörter) in dein Heft.
Sie leiten einen Nebensatz ein.

c Vor diesen Konjunktionen (Bindewörtern) steht immer ein Komma.
Setze die Kommas im Text.

d In Nebensätzen steht das Verb immer am Ende des Satzes.
Unterstreiche das Verb in jedem Satz.

3 **a** Verbinde je einen Hauptsatz mit einem passenden Nebensatz.

Hauptsatz	**Nebensatz**
A Der Mimik-Oktopus ist ein wahrer Meister der Tarnung	**1** damit er wie eine Seeschlange aussieht.
B Es ist einzigartig	**2** wenn er sich bedroht fühlt.
C Er ahmt verschiedenste Meeresbewohner wie Seeschlangen nach	**3** dass er das Aussehen von 15 anderen Meeresbewohnern annehmen kann.
D Der Tintenfisch versteckt sich in einer Höhle und lässt nur zwei ausgebreitete Arme herausgucken	**4** weil er als einziges Tier mehrere Lebewesen nachahmen kann.
E Der Tintenfisch ändert seine Farbe und lässt seine Arme wie die Stacheln eines Feuerfisches aussehen	**5** da er sich an Form, Farbe und Verhalten an das gewählte Vorbild anpasst.
F Seine Fähigkeit ist einzigartig	**6** wenn er den Feuerfisch nachahmt.

b Schreibe die Sätze ab. Setze jeweils das fehlende Komma zwischen Hauptsatz und Nebensatz.

c Vergleiche deine Sätze mit dem Text **Ein Meister der Tarnung** auf der vorigen Seite. Findest du dabei Fehler, verbessere sie.

Das Komma bei Relativsätzen

1 Aus zwei Hauptsätzen wird ein Hauptsatz und ein Relativsatz.
Der Relativsatz ist ein Nebensatz. Deshalb steht das Verb am Ende.
Lies die Sätze.

Stare sind Vögel. Sie bewegen sich oft in riesengroßen Schwärmen fort.

Stare sind Vögel, die sich oft in riesengroßen Schwärmen fortbewegen.

2 **a** Lies die **Sätze 1 bis 3.**

Vorsicht Fehler!

1 Das Foto zeigt einen Schwarm der eine tornadoförmige Gestalt angenommen hat.
2 Während des Fluges verändern die Vögel ständig die Form des Schwarms der dadurch aus der Ferne wie eine bewegliche Masse aussieht.
3 Dies ist ein Tanz der Starenschwärme der jedes Jahr an vielen Stellen auf der Welt zu beobachten ist.

b Direkt hinter dem markierten Nomen steht das Relativpronomen.
Markiere das Relativpronomen mit einer anderen Farbe.

c Setze jeweils vor dem Relativpronomen ein Komma.

3 **a** Lies die **Sätze A bis D.**

A Die Stare fliegen mühelos in der Gruppe __________ laufend die Form oder die Richtung ändert. (die, das, welche)

B Die Schwärme ziehen zum Winter in den Mittelmeerraum __________ viel wärmer als Deutschland ist. (welcher, die, das, der)

C Sehr sehenswert sind die Starentänze __________ jedes Jahr beobachtet werden. (der, das, die, welche)

D Es gibt schöne Fotos von den Formen __________ Starenschwärme auf der ganzen Welt bilden können. (welche, der, die, das)

b Wähle aus den grünen Relativpronomen in Klammern aus. Welches passt zum Satz?
Schreibe das Relativpronomen in den Satz. Setze ein Komma davor.

c Unterstreiche das Verb in den Relativsätzen.

Komma im Relativsatz
Relativsätze sind **Nebensätze**. Bei Nebensätzen steht das Verb am Ende des Satzes.
Relativsätze werden durch ein Relativpronomen eingeleitet: der, die, das, welcher, welche, welches.Das Relativpronomen bezieht sich auf ein Nomen im Hauptsatz.
Relativsätze werden durch ein Komma abgetrennt.
Beispiel: Stare sind Vögel, die in Schwärmen fliegen.

Nachdenken über Sprache

Wortarten

Das Nomen

- Nomen sind **Lebewesen, Gegenstände, Gedanken, Gefühle, Zustände.** Man schreibt sie **groß.**
- Vor Nomen können stehen: **bestimmte Artikel** (der Junge, die Frau, das Kind), **unbestimmte Artikel** (ein Eis, eine Zahl), **Adjektive** (kaltes Eis) oder **Zahlwörter** (einige Blumen).
- Sie stehen im **Singular** (Einzahl), Beispiel: der Zug oder im **Plural** (Mehrzahl), Beispiel: die Züge.

Das Pronomen (das Fürwort)

Das Pronomen kann ein **Nomen ersetzen oder begleiten.** Es gibt:

- **Personalpronomen** (ich, du, mich, dich, ihn, ihr, uns): Die Mutter isst Eis. Es schmeckt ihr.
- **Possessivpronomen** (mein, dein, seine) zeigen, **(zu) wem etwas gehört.** Beispiel: mein Eis
- **Demonstrativpronomen** (dieser, jener) **weisen auf etwas hin.** Beispiel: dieses Eis schmeckt

Die Konjunktion (das Bindewort)

Konjunktionen **verbinden Wörter, Wortgruppen oder Sätze.** Beispiel: Ich esse Eis und Kuchen.

- **Hauptsatzkonjunktionen** (und, oder, aber, denn) verbinden Hauptsätze zu **Satzreihen.**
- **Nebensatzkonjunktionen** (wenn, da, obwohl, weil) verbinden Hauptsätze und Nebensätze zu **Satzgefügen.**

Das Adjektiv (das Eigenschaftswort)

- Mit Adjektiven kann man etwas genauer **beschreiben.** Beispiel: der schöne Wald
- Adjektive kann man **steigern.** Der Wald ist schön. Dieser ist schöner. Der dort ist am schönsten.

Die Präposition (das Verhältniswort)

- Präpositionen stehen **vor Nomen** und bestimmen den **Fall,** in dem das Nomen und seine Begleiter (Artikel und Adjektiv) stehen müssen. Beispiele: mit dem roten Stein, ohne den roten Stein

Das Verb (das Zeitwort)

- Verben beschreiben, **was jemand tut** (bauen, reden) oder **was geschieht** (regnen, schneien).
- Die verschiedenen Zeitformen der Verben geben an, **wann** etwas passiert.

Präsens (Gegenwart): Etwas ist **immer gültig.** Beispiel: Jeden Morgen geht die Sonne auf.
  – Etwas geschieht jetzt **in diesem Augenblick.** Beispiel: Sie drehen gerade einen Film.
  – Etwas wird in der **Zukunft** geschehen. Beispiel: Er postet morgen den Film.
Futur I (Zukunft): Man spricht über die **Zukunft.** Beispiel: Sie wird morgen singen.
Präteritum (Vergangenheitsform): Man erzählt **schriftlich Vergangenes** (Bericht). Ich aß gestern.
Perfekt (Vergangenheitsform): Man erzählt **mündlich Vergangenes.** Ich habe gestern gegessen.
Plusquamperfekt (Vorvergangenheitsform): Bei **zwei Handlungen in der Vergangenheit** nimmt man das **Plusquamperfekt** für die **frühere Handlung.** Nachdem sie Eis gegessen hatte, ging sie.

Wortarten und Satzglieder

Die Modalverben

Die Modalverben (können, sollen, müssen, dürfen wollen) drücken Folgendes aus:

können	**Möglichkeiten, Fähigkeiten**	Beispiel: Sie kann malen.
sollen	**Empfehlungen, Vorschriften**	Beispiel: Du sollst essen.
müssen	**Zwänge, Pflichten**	Beispiel: Er muss üben.
dürfen	**Erlaubnis**	Beispiel: Sie darf spielen.
wollen	**Absichten, Wünsche**	Beispiel: Ich will lesen.

Die Aktivform und die Passivform der Verben

- Im **Aktiv** wird betont, **wer** etwas tut oder handelt. Beispiel: Er **dreht** den Film.
- Im **Passiv** steht die **Handlung** im Mittelpunkt, was getan wird. Beispiel: Der Film **wird gedreht.**

	Aktiv	**Passiv**
Präsens	Er dreht den Film.	Der Film wird gedreht.
Präteritum	Er drehte den Film.	Der Film wurde gedreht.
Perfekt	Er hat den Film gedreht.	Der Film ist gedreht worden.
Plusquamperfekt	Er hatte den Film gedreht.	Der Film war gedreht worden.

Satzglieder mit Hilfe der Umstellprobe erkennen

- Sätze bestehen aus **Satzgliedern.** Die bestehen **aus einem Wort** oder **aus mehreren Wörtern.**
- Mit der **Umstellprobe** bleiben alle Wörter eines **Satzgliedes zusammen**. Beispiel:
  Am 9. Juli 2017 | produzierten | zwei Freunde | in Bayern | den schwersten Burger der Welt.
  Den schwersten Burger der Welt | produzierten | zwei Freunde | am 9. Juli 2017 | in Bayern.
- Das Prädikat ist der Kern des Satzes. Das Prädikat ist ein **Verb** und steht an **zweiter Stelle.**
  Es kann aus **einem Teil oder mehreren Teilen** bestehen. Beispiel: Das Eis wird im Glas serviert.
- Das Subjekt gibt an, **wer oder was etwas tut.** Frage: **Wer oder was ...?**
  Beispiel: Die Kinder essen Eis. – **Wer oder was** isst Eis? → die Kinder
- Wenn man **das Objekt** mit **Wem ...?** erfragen kann, ist es ein Dativobjekt.
  Beispiel: Der Junge schenkte dem Kind sein Eis.
  Wenn man **das Objekt** mit **Wen oder was ...?** erfragen kann, ist es ein Akkusativobjekt.
  Beispiel: Das Kind isst ein großes Eis.
- Adverbiale Bestimmungen sind auch Satzglieder.
  Sie informieren über den **Ort,** die **Zeit,** die **Art und Weise** oder den **Grund.**
  Mit folgenden **Fragen** könnt ihr herausfinden, welche adverbiale Bestimmung vorliegt:

adverbiale Bestimmung der Zeit	Wann? Wie lange? Wie oft?	Sie aßen den Burger am Abend. (**Wann** aßen sie den Burger?)
adverbiale Bestimmung des Ortes	Wo? Wohin? Woher?	Sie aßen den Burger auf der Straße. (**Wo** aßen sie den Burger?)
adverbiale Bestimmung des Grundes	Warum? Weshalb? Wieso?	Sie planten den Rekordversuch aus Spaß. (**Warum** planten sie den Rekordversuch?)
adverbiale Bestimmung der Art und Weise	Wie? Auf welche Weise?	Sie planten den Rekordversuch sehr genau. (**Wie** planten sie den Rekordversuch?)

Sätze

Die Satzreihe

- Ein **Hauptsatz** besteht aus **Subjekt** und einem **Prädikat.**
  Das Prädikat steht im Hauptsatz immer an **zweiter Satzgliedstelle.**
  Beispiel: Die Künstlerin strickte eine Riesenmütze.
  1. 2. 3.
- Einen **Satz,** der aus **zwei oder mehr Hauptsätzen** besteht, nennt man **Satzreihe.**
  In Satzreihen trennt man die einzelnen Hauptsätze durch **Komma** ab.
  Beispiel: Die Riesenmütze war ein Weltrekord, aber man baute sie bald wieder auseinander.
  Hauptsatz 1 Komma Hauptsatz 2.
- Oft verbindet man Hauptsätze **mit Konjunktionen** (Bindewörtern) wie aber, denn, und, oder.

Das Satzgefüge

Ein **Satz** mit einem **Hauptsatz** und mindestens einem **Nebensatz** heißt **Satzgefüge.**

- Nebensätze können nicht ohne Hauptsatz stehen. Man trennt sie durch ein Komma vom Hauptsatz.
- Die **Konjunktionen** (Bindewörter) weil, da, als, während, nachdem, dass, wenn, obwohl, damit verbinden **Hauptsatz** und **Nebensatz** zu einem Satzgefüge.
- Im **Nebensatz** steht das **Prädikat** an der **letzten Satzgliedstelle**, es ist immer ein Verb.
  Beispiel: Viele Menschen beteiligten sich an der Aktion, weil sie einem guten Zweck diente.
  Hauptsatz 1 Komma Nebensatz

Nebensatzarten: Der Relativsatz

Relativsätze sind **Nebensätze,** die Wörter im Hauptsatz davor genauer **erklären.**

- Sie werden mit einem Relativpronomen eingeleitet: der, die, das, welcher, welche, welches.
  Das Relativpronomen bezieht sich auf das Bezugswort im Hauptsatz.
  Beispiel: Ein Papierflieger ist ein Flugobjekt, das aus Papier gefaltet wird.
  Bezugswort Relativpronomen Relativsatz

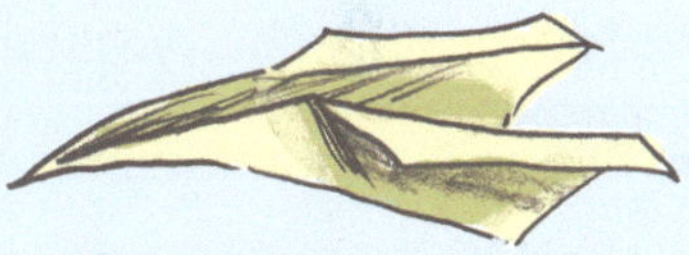

Nebensatzarten: Die Adverbialsätze

Adverbialsätze sind Nebensätze. Sie geben **weitere Informationen zum Hauptsatz.**

Adverbialsatz	**Frageprobe**	**Konjunktionen**	**Beispiele**
der Zeit: **Temporalsatz**	Wann? Seit wann?	während, als, nachdem	Der Rekord wurde erreicht, als er am Ziel ankam.
des Grundes: **Kausalsatz**	Warum?	weil, da	Er trug Sportkleidung, weil er oft sprinten musste.
der Bedingung: **Konditionalsatz**	Unter welcher Bedingung?	wenn, falls	Der Rekord gilt, wenn alle Bahnhöfe erreicht werden.
der Art und Weise: **Modalsatz**	Wie? Wodurch?	indem, dadurch, dass	Ihm gelang ein Rekord, indem er alle Bahnhöfe in Rekordzeit abfuhr.
der Absicht: **Finalsatz**	Wozu?	damit	Er trägt Sportkleidung, damit er sprinten kann.
der Einräumung: **Konzessivsatz**	Trotz welcher Umstände?	obwohl	Er brauchte sechs Stunden, obwohl er sprintete.

Die Rechtschreibstrategien und Rechtschreibregeln

Schwingen

Wenn du Wörter deutlich sprichst und schwingst, kannst du die Buchstaben besser hören.
Vor dem Schreiben: die Wörter deutlich in Silben sprechen. Silbenbögen in die Luft zeichnen.
Beim Schreiben: die Silben leise mitsprechen. Nicht schneller sprechen, als du schreibst.
Nach dem Schreiben: Prüfen, ob du richtig geschrieben hast: Zeichne dazu Silbenbögen unter jede Silbe und sprich dabei leise mit. Beispiele: Ba na ne, Man da ri ne, Pam pel mu se

Wörter mit b/p, d/t, g/k verlängern

Bei manchen Wörtern hört man nicht, wie sie genau geschrieben werden.
Wenn du sie verlängerst, kannst du es gut hören.

- Am **Ende** eines **einsilbigen** Wortes klingen d oder t, g oder k, b oder p **gleich.**
- Wenn man das Wort verlängert, kann man beim Schwingen jeden Buchstaben deutlich hören.
  So verlängert man: Nomen: Bilde die Pluralform (Mehrzahl): der Freund – die Freunde.
  Verben: Bilde die Wir-Form: sie legt – wir legen.
  Adjektive: Bilde die Steigerungsform: lieb – lieber als.
- Auch bei **Mehrsilbern** hört man oft nicht, mit welchem Buchstaben das Wort geschrieben wird.
  Beim **Verlängern** hört man beim **Schwingen,** wie man sie schreibt: gesund – gesünder als

Wörter mit ä und äu ableiten

- Ob ein Wort mit **e oder ä** oder mit **eu oder äu** geschrieben wird, kann man leicht verwechseln.
  Man schreibt ä und äu, wenn es ein verwandtes Wort mit a und au gibt.
  Beispiele: die Kälte – kalt, die Bäume – der Baum

Offene und geschlossene Silben unterscheiden

- Enden Silben mit einem Vokal (Selbstlaut), nennt man sie offen. Beispiel: he ben
- Enden Silben mit einem Konsonanten (Mitlaut), nennt man sie geschlossen. Beispiel: hel fen

Wörter mit ie und Wörter mit i

- Den i-Laut in einer **offenen Silbe** schreibt man meistens als **ie**. Beispiele: fl**ie** gen, verl**ie** ren
- Den i-Laut in einer **geschlossenen Silbe** schreibt man als **i.** Beispiele: der W**i**n ter, die K**i**n der

Wörter mit s, ss und ß

- Man schreibt ß, wenn die **erste Silbe offen** ist und der **s-Laut zischend.** Beispiel: die Stra ße
- Man schreibt s, wenn die **erste Silbe offen** ist und der **s-Laut summend.** Beispiel: die Ho se
- Man schreibt ss, wenn die **erste Silbe geschlossen** ist. Beispiel: wir mes sen

Wörter mit h

- Bei **manchen zweisilbigen Wörtern** steht das h am **Anfang der zweiten Silbe.**
  Wenn man das Wort überdeutlich spricht, ist das h hörbar. Beispiele: wir dre hen, sie wie hern
- Bei **einsilbigen Wörtern** kann man das h nicht hören. Beispiele: er geht, die Bahn

Schwierige Verben im Überblick

Infinitiv (Grundform)	Präsens (Gegenwart)	Präteritum (Vergangenheit)	Perfekt (Vergangenheit mündlich)
anfangen	du fängst an	er fing an	er hat angefangen
beginnen	du beginnst	sie begann	sie hat begonnen
bekommen	du bekommst	sie bekam	sie hat bekommen
bieten	du bietest	er bot	er hat geboten
bitten	du bittest	sie bat	sie hat gebeten
bleiben	du bleibst	sie blieb	sie ist geblieben
brechen	du brichst	sie brach	sie hat gebrochen
brennen	es brennt	es brannte	es hat gebrannt
bringen	du bringst	sie brachte	sie hat gebracht
dürfen	du darfst	er durfte	er hat gedurft
einladen	du lädst ein	sie lud ein	sie hat eingeladen
essen	du isst	er aß	er hat gegessen
fahren	du fährst	sie fuhr	sie ist gefahren
fallen	du fällst	er fiel	er ist gefallen
fangen	du fängst	sie fing	sie hat gefangen
finden	du findest	er fand	er hat gefunden
fließen	es fließt	es floss	es ist geflossen
frieren	du frierst	er fror	er hat gefroren
geben	du gibst	er gab	er hat gegeben
gehen	du gehst	er ging	er ist gegangen
genießen	du genießt	sie genoss	sie hat genossen
greifen	du greifst	sie griff	sie hat gegriffen
haben	du hast	er hatte	er hat gehabt
halten	du hältst	sie hielt	sie hat gehalten
heben	du hebst	er hob	er hat gehoben
heißen	du heißt	sie hieß	sie hat geheißen
helfen	du hilfst	er half	er hat geholfen
kennen	du kennst	sie kannte	sie hat gekannt
kommen	du kommst	sie kam	sie ist gekommen
können	du kannst	er konnte	er hat gekonnt
lassen	du lässt	sie ließ	sie hat gelassen
laufen	du läufst	er lief	er ist gelaufen
leiden	du leidest	sie litt	sie hat gelitten

Infinitiv (Grundform)	Präsens (Gegenwart)	Präteritum (Vergangenheit)	Perfekt (Vergangenheit mündlich)
lesen	du liest	er las	er hat gelesen
liegen	du liegst	er lag	er hat gelegen
mögen	du magst	sie mochte	sie hat gemocht
nehmen	du nimmst	er nahm	er hat genommen
raten	du rätst	sie riet	sie hat geraten
reiten	du reitest	er ritt	er ist geritten
rennen	du rennst	sie rannte	sie ist gerannt
riechen	du riechst	er roch	er hat gerochen
rufen	du rufst	sie rief	sie hat gerufen
schlafen	du schläfst	er schlief	er hat geschlafen
schleichen	du schleichst	sie schlich	sie ist geschlichen
schließen	du schließt	sie schloss	sie hat geschlossen
schneiden	du schneidest	er schnitt	er hat geschnitten
schreien	du schreist	er schrie	er hat geschrien
schwimmen	du schwimmst	er schwamm	er ist geschwommen
sehen	du siehst	sie sah	sie hat gesehen
sein	du bist	er war	er ist gewesen
singen	du singst	er sang	er hat gesungen
sitzen	du sitzt	sie saß	sie ist/hat gesessen
sprechen	du sprichst	sie sprach	sie hat gesprochen
springen	du springst	er sprang	er ist gesprungen
stehen	du stehst	er stand	er ist/hat gestanden
stoßen	du stößt	er stieß	er hat gestoßen
streiten	du streitest	sie stritt	sie hat gestritten
treffen	du triffst	er traf	er hat getroffen
treten	du trittst	sie trat	sie hat getreten
tun	du tust	er tat	er hat getan
vergessen	du vergisst	sie vergaß	sie hat vergessen
verlieren	du verlierst	er verlor	er hat verloren
verzeihen	du verzeihst	sie verzieh	sie hat verziehen
wachsen	du wächst	er wuchs	er ist gewachsen
werden	du wirst	sie wurde	sie ist geworden
wissen	du weißt	sie wusste	sie hat gewusst
wollen	du willst	sie wollte	sie hat gewollt
ziehen	du ziehst	er zog	er hat gezogen

Brender, Irmela (1935–2017)
128 Eine
aus: Menschengeschichten. Drittes Jahrbuch der Kinderliteratur. Hans-Joachim Gelberg (Herausgeber), Beltz & Gelberg, Weinheim & Basel 1975, S. 115. (gekürzt und vereinfacht)

Hemingway, Ernest (1899–1961)
134–135 Ein Tag warten
aus: Hemingway, Ernest: Der Sieger geht leer aus. Übersetzt von Annemarie Horschitz-Horst. Rowohlt Taschenbuch Verlag, Reinbek 1997, S. 63 ff. (gekürzt und vereinfacht)

Hübner, Lutz (*1964)
174–175 Das Herz eines Boxers (Auszüge), Szene 1
176, 178 Szene 2
180, 182 Szene 3
184, 187 Szene 4
189 Szene 6
aus: Hübner, Lutz: Das Herz eines Boxers. Hartmann & Stauffacher Verlag, Köln 1996. (gekürzt und vereinfacht)

Kanehl, Oskar (1888–1929)
156 Auto
aus: Die Aktion. Wochenschrift für Politik, Literatur und Kunst. Hrsg. Franz Pfemfert, 1911–1918, Nr. 36/37, 1914. (gekürzt)

Kästner, Erich (1899–1974)
162, 150 (Auszug) Kleine Stadt am Sonntagmorgen
aus: Doktor Erich Kästners Lyrische Hausapotheke, ungekürzte und mit der Erstausgabe von 1936 verglichene Ausgabe (Atrium Verlag, Zürich), DTV, München: 1999, 14. Auflage, S. 90. (gekürzt)
169 Im Auto über Land
aus: Doktor Erich Kästners Lyrische Hausapotheke, Ungekürzte und mit der Erstausgabe von 1936 verglichene Ausgabe (Atrium Verlag, Zürich), 2000. (gekürzt)

Löschmann, Torsten
139 Knigge reloaded
aus: Neue Kurzgeschichten und Erzählungen. Neun schülernahe Texte für den Literaturunterricht mit vielfältigen Arbeitsmaterialien. Persen Verlag, Hamburg 2020, S. 29. (gekürzt und vereinfacht)

Meimberg, Florian (*1975)
126 Tiny Tales: Wie in Zeitlupe (1)
aus: Meimberg, Florian: Auf die Länge kommt es an. Tiny Tales. Sehr kurze Geschichten. Fischer Taschenbuch Verlag, Frankfurt am Main 2011, S. 170. (vereinfacht)
126 Schnaufend stemmte sich (2)
aus: Florian Meimberg auf Twitter: Twitter (20.12.2011 / Abruf 6.10.22).
127 Der Einsatzwagen schoss (3)
aus: Florian Meimberg auf Twitter: Twitter (17.10.2011 / Abruf 6.10.22).

Revolverheld
154, 150 (Auszug) Lass uns gehen
aus: Revolverheld: Immer in Bewegung. Columbia 2013. (gekürzt)

Riordan, Rick (*1964)
30–32 Percy Jackson – Diebe im Olymp
aus: Percy Jackson, Diebe im Olymp. Carlsen Verlag, Hamburg 2011, S. 216–222. (gekürzt und vereinfacht)

Storm, Theodor (1817–1888)
99–116 Der Schimmelreiter
aus: einfach klassisch: Theodor Storm: Der Schimmelreiter, bearbeitet von Diethard Lübke. Cornelsen Verlag Berlin, 2. Auflage, 7. Druck 2019. (gekürzt und vereinfacht)

Taranci, Cahit Sitki (1910–1956)
152 Memleket isterim
aus: Otuz BeS, YaS,, 1946;
übersetzt v. Muhammet Mertek:
153, 150 (Auszug) Ich wünsche mir ein Land
aus: https://mmertek.de/ich-wuenschemir-ein-land

Zimmermann, Tanja
138 Eifersucht
aus: Total verknallt. Ein Liebeslesebuch. Rowohlt, Reinbek bei Hamburg 1984, S. 119. (gekürzt und vereinfacht)

Unbekannte/ungenannte Autorinnen und Autoren
18 Dirk Nowitzki
nach: https://klexikon.zum.de/wiki/Dirk_Nowitzki;
https://www.basketball- bund.de/spieler/dirk-nowitzki (gekürzt und vereinfacht)
22–23 Das Talent, das dein Leben rettet
aus: https://www.zeit.de/kultur/2016-08/yusra-mardini-olympiasyrische-schwimmerin-fluechtlinge10nach8 (gekürzt)
202 Thorsten Schmitz: Ins kalte Wasser
aus: Süddeutsche Zeitung, 14.08.2021. https://www.reporterpreis.de/upload/ gina-b-ttcherreporterpreis6148a2281cc98. pdf [11.01.2022] (gekürzt und vereinfacht)
206 Elisabeth Kagermeier: Ist die echt?
nach: DIE ZEIT Nr. 39/2019, 19.09.2019. (gekürzt und vereinfacht)

Originalbeiträge
23 Yusra Mardini – Lebenslauf
49 Gefahren von Bewertungssystemen in sozialen Netzwerken
50 Auf der Jagd nach Likes
51 Diagramm: Wie wichtig sind dir Likes auf sozialen Medien?
70 Bewerbungsschreiben
94 Ich will so sein wie … alle!
96 Fußball, Yoga, Musikunterricht – so aktiv sind Teenager
108–109 Graphic Novel „Der Schimmelreiter"
112–113 Hörspielauszug „Der Schimmelreiter"
127 Tiny Tales (Wörterbucheintrag)
166 Zugfahrt
196–197 Die Entwicklung der Zeitung
212 Ungeheuerlich: Unterrichtsbeginn ab 6 Uhr
240 Geocaching – Mit Koordinaten nach Schätzen suchen
246 Die Qual der Wahl
248 Ein übles Hobby!? – Brechtüten aus Flugzeugen sammeln
274 Ameisen
275 Giftige Pilze – tödliche Gefahr
276 Pilze als Giftfresser mit Informationen aus: https://naturdetektive.bfn.de/lexikon/pflanzen/raetselhaftes-pilzreich. html
277 Baumeister Biber
278 (oben) Wilder Tabak mit Informationen aus: https://www. br.de/nachrichten/ wissen/schlauepflanzen-wie-wilder-tabak-tiere-anzieht-und-abwehrt,RTHsUr9
(Mitte) Tabak
279 Prachtbauten und ihre Baumeister
280 Kugelspinnen aus Ecuador mit Informationen aus: https://www. tierchenwelt.de/ specials/tierleben/955- top-10-spinnen. html?start=5
281 Perfekter Spürsinn
282 Spinnen
285 Quallen mit Informationen aus: https://www. scinexx.de/dossierartikel/koennen-quallen-ewig-leben/
286/1 Ein Meister der Tarnung mit Informationen aus: https://www. meerwasser-lexikon. de/tiere/3424_Thaumoctopus_mimicus. htm#:~:text=Der%20Mimic%20Oktopus%20ist%20ein,aus%20lebenden%20 Krabben%20und%20Garnelen.
287 Stare

Quellenvermerk
Vorsatz vorn Seite rechts aus dem Schülerbuch (ISBN 9783060634033)

S. 13: Shutterstock.com/Gorgev; **S. 14 1:** stock.adobe.com/Zoran Zeremski, **2:** Shutterstock.com/Alena NV, **3:** Imago Sportfotodienst GmbH/Sven Simon; **S. 15 4:** mauritius images/alamy stock photo/Pacific Press Media Production Corp., **5:** Shutterstock.com/abxyz, **6:** dpa Picture-Alliance/Joerg Carstensen; **S. 17:** mauritius images/alamy stock photo/Zuma Press, Inc.; **S. 19:** mauritius images/alamy stock photo/Picture Capital; **S. 20:** mauritius images/alamy stock photo/Foto Arena LTDA; **S. 22:** ©Carlsen Verlag GmbH, Hamburg; **S. 39:** Shutterstock.com/Rawpixel.com; **S. 40 A:** Shutterstock.com/Sandro Amato, **B:** Shutterstock.com/Marian Fil, **C:** Shutterstock.com/Pete Pahham, **D:** Shutterstock.com/Pavel L Photo and Video; **S. 41:** Shutterstock.com/Alex Gontar, Shutterstock.com/Isniper, **Emoji:** Shutterstock.com/graphixmania; **S. 42 A:** Shutterstock.com/Fotoluminate LLC, **B:** Shutterstock.com/sebra, **C:** Shutterstock.com/Cookie Studio; **S. 43 B:** Shutterstock.com/lanych, **C:** Shutterstock.com/Hugo Felix, **E:** Shutterstock.com/Pete Pahham; **S. 57 1:** Shutterstock.com/Halfpoint, **2:** Shutterstock.com/Tommy-StockProject, **3:** Shutterstock.com/Yuganov Konstantin, **4:** Shutterstock.com/Chokniti-Studio, **5:** Shutterstock.com/maroke, **6:** Shutterstock.com/Light and Vision; **S. 58 1:** Shutterstock.com/Aleksandar Malivuk, **2:** Imago Stock&People GmbH/Westend61, **3:** Adobe Stock/spoilabrothers; **S. 59 5:** stock.adobe.com/Studio Romantic, **6:** Shutterstock.com/vystekimages, **7:** mauritius images/Stockbroker RF, **8:** Shutterstock.com/Aleksandar Malivuk; **S. 60 l. und r., S. 61:** Shutterstock.com/Pixel-Shot, **m.:** Shutterstock.com/Kostikova Natalia; **S. 62:** Shutterstock.com/Viktoriia Hnatiuk; **S. 65:** Shutterstock.com/fizkes; **S. 79:** Shutterstock.com/Jacob Lund; **S. 80, 81:** Shutterstock.com/Mix Tape; **S. 82 A. und E:**: Shutterstock.com/Monkey Business Images, **Zahn:** Shutterstock.com/musicman, **C:** Shutterstock.com/graphixmania; **S. 83 o.l. und u.l.:** Shutterstock.com/Dean Drobot, **o.r.:** Shutterstock.com/Todd Castor, **u.r.:** Shutterstock.com/PanicAttack; **S. 84 l.:** Shutterstock.com/Africa Studio, **r.:** Shutterstock.com/Valkantina; **S. 86:** Shutterstock.com/LightField Studios; **S. 87:** Shutterstock.com/Leftleg; **S. 130:** Shutterstock.com/SpeedKingz; **S. 149:** Shutterstock.com/William Perugini; **S. 151 o.:** Shutterstock.com/ArTono, **u.:** Shutterstock.com/pracha hariraksapita; **S. 155:** Shutterstock.com/fujji; **S. 157:** Shutterstock.com/Christian Horz; **S. 173, 174, 178:** Szenfotos aus „Das Herz eines Boxers" von Lutz Hübner. Eine Inszenierung von „Theater Spielzeit / Mobiles Kinder- und Jugendtheater Landshut" von Nikol Putz und Gernot Ostermann. Leo: Gernot Ostermann, Jojo: Yannick Zürcher. Fotos: Doris Leonard; **S. 195:** Shutterstock.com/Dusan Petkovic; **S. 196:** interfoto e.k./Sammlung Rauch; **S. 197 l.:** Shutterstock.com/Kaspars Grinvalds, **r.:** akg-images/TT News Agency/SVT; **S. 198, S. 199 l.:** BILD Axel Springer GmbH, **r.:** Süddeutsche Zeitung; **S. 200, 201:** Imago Sportfotodienst GmbH/camera4+; **S. 202:** Shutterstock.com/Selenophile; **S. 205:** Shutterstock.com/dotshock; **S. 223–225, S227–229:** SPIN/Double Edge Films/interfilm Berlin Management GmbH, Regie: Jamin Winans; **S. 235 A:** Shutterstock.com/Pavel Kapysh, **B:** Shutterstock.com/Nyura, **C:** Shutterstock.com/Mauro Rodrigues, **D:** Shutterstock.com/PaulSat; **S. 236 o.l.:** stock.adobe.com/Lasse Hendriks, **o.m.:** Shutterstock.com/alarico, **o.r.:** Shutterstock.com/Lewis Tse Pui Lung, **A und S. 241:** Shutterstock.com/Tutatamafilm, **B:** Shutterstock.com/VH-studio, **C:** Shutterstock.com/Krakenimages.com; **S. 237 o.l.:** Shutterstock.com/DragoNika, **o.r.:** mauritius images/alamy stock photo/AC Manley, **D und S. 238:** Shutterstock.com/Max Topchii, **E und S. 239:** Shutterstock.com/Paul Hakimata Photography, **F:** Shutterstock.com/Rido; **S. 242:** Shutterstock.com/faestock; **S. 272:** Shutterstock.com/Piotr Krzeslak; **S. 273:** Shutterstock.com/Foto-Ruhrgebiet; **S. 274:** Shutterstock.com/Rick4you; **S. 275 l.:** Shutterstock.com/FotograFFF, **r.:** Shutterstock.com/Henk Osinga Photography; **S. 277:** Shutterstock.com/Dan-Pepper; **S. 278:** Shutterstock.com/RukiMedia; **S. 279:** Shutterstock.com/Tony Bowler; **S. 280:** Shutterstock.com/olko1975; **S. 282:** Shutterstock.com/popox; **S. 283:** Shutterstock.com/Lukas Gojda; **S. 286:** Shutterstock.com/Simon Dannhauer

Deutschbuch

Differenzierende Ausgabe

Lern- und Arbeitsheft

für den inklusiven Unterricht

Lösungen

Bildquellen: Shutterstock.com/Ground Picture (Mädchen); Shutterstock/Animaflora PicsStock (Hintergrund)

8

Cornelsen

1 Außergewöhnliche Menschen – Informieren und referieren

Seite 13

1 **a** Mögliche Lösung:
Die Feuerwehrleute waren bei einem Feuer in einer Schule / im Supermarkt / in einem Wohnhaus.

b Mögliche Lösung:
Die Feuerwehrfrau denkt vielleicht an die geretteten Menschen.

2 **b** Die Aufgaben der Feuerwehr sind:
retten: weiteres Beispiel: Kind, das nicht schwimmen kann, aus einem Fluss ziehen
bergen: weiteres Beispiel: Menschen aus einer Lawine in den Bergen befreien
helfen: weiteres Beispiel: Menschen bei einem Unglück mit Essen versorgen

Seite 14

2 Mögliche Lösung:
Mich beeindruckt die Umweltschützerin Kehkashan, weil sie seit zehn Jahren Müll sammelt und Bäume pflanzt. Sie gründete die Naturschutzorganisation „Green Hope".

Seite 15

3 Mögliche Lösung:
Ich finde es bewundernswert, wenn ein Mensch den Mut hat, eine eigene Naturschutzorganisation zu gründen.

Seite 16

1 Mögliche Lösungen:
- Krankenhaus: alle Menschen, die sich um schwerkranke Coronapatienten kümmern, obwohl sie sich anstecken könnten
- Sänger und Sängerinnen, die ein kostenloses Großkonzert veranstalten und den Gewinn Hilfsbedürftigen spenden
- junge Leute, die unerschrocken und mutig für ihre Meinungen eintreten, z. B. Fridays for Future

3 Wann fing er an, im Verein zu spielen? 1994
Für welche Vereine spielte er? DJK Würzburg, Dallas Mavericks
Wo wurde er geboren? Würzburg in Deutschland
Wann wurde er geboren? 19. Juni 1978
Soziales Engagement: fördert soziale Projekte

Seite 20

1 **b** Mit unterschiedlichen Farben hast du die unterstrichenen Begriffe markiert:
Auszeichnungen, Einleitung, Sportliche Laufbahn, Schluss, Leben, Soziales Engagement.

2 **b, c**

1. Einleitung: engagiert sich für Kinder
2. Hauptteil:
   - 2.1 Leben: geboren 19.6.1978 in Würzburg, Größe: 2,13 m
   - 2.2 Sportliche Laufbahn: Aufstieg in die Basketball-Bundesliga, mit 19 Jahren Teilnahme am Spiel der besten Talente Europas gegen die besten Talente der Universitäten in den USA
   - 2.3 Auszeichnungen
   - 2.4 Soziales Engagement
3. Schluss: Er ist für uns ein Vorbild, weil er einer der erfolgreichsten Sportler ist und soziale Sportprojekte mit Kindern fördert.

3 b Kennt ihr eigentlich Dirk Nowitzki?
Er ist außergewöhnlich, weil er ein sehr erfolgreicher Basketballspieler ist und außerdem soziale Sportprojekte mit Kindern fördert.

Seite 26

1 **Einleitung**
Kennt ihr die spannende Geschichte der syrischen Schwimmerin Yusra Mardini? Sie sprang bei einer gefährlichen Flucht über das Mittelmeer ins Wasser und sicherte das überfüllte Schlauchboot mehrere Stunden in den Wellen.
Hauptteil
1. Syrien: Leben und Flucht
- März 1998 geboren in Syrien
- 2012: mit 14 Jahren Teilnahme an den Kurzbahnweltmeisterschaften
- 2015: Flucht vor dem Krieg über das Mittelmeer

2. Deutschland nach Ankunft
von 2015 bis 2021: Schwimmtraining und Teilnahme an Olympischen Spielen
seit 2017: Sonderbotschafterin für ein Flüchtlingswerk
Schluss
Yusra Mardini ist eine Heldin. Sie sprang trotz ihrer großen Angst aus dem Schlauchboot und rettete so 18 bis 20 Menschen. Sie trainierte hart und nahm an Olympia teil. Damit machte sie vielen Flüchtlingen Mut.

2 1998 wurde Yusra Mardini in Syrien geboren. Sie begann bereits sehr früh mit dem Schwimmtraining. 2012 nahm sie mit 14 Jahren an den Kurzbahnweltmeisterschaften in Istanbul teil. Als der Krieg in Syrien begann, flüchtete sie im Jahr 2015. Auf der Flucht rettete sie 18 bis 20 Flüchtenden das Leben. In Deutschland war es zunächst schwer. Sie wohnte mit Hunderten anderen Menschen in einem Heim. In Berlin begann sie wieder mit dem Schwimmtraining. So konnte sie an der Olympiade teilnehmen.

Seite 30

1 b Mögliche Lösung:
An diesem Jugendroman könnte spannend sein, dass die Freunde Halbgötter und Fabelwesen sind.
c Percy erhält → ein magisches Schwert als Kugelschreiber getarnt.
Annabeth ist → eine Halbgöttin.
Tante Em → ist eine Schreckensgestalt mit Haaren aus Schlangen.
Wer Medusa ansieht, → erstarrt zu Stein.

Seite 32

2 b
A [X] Annabeths Mutter / B [X] Medusa nur im Glas anzuschauen /
C [X] greift Percy an / D [X] ja / E [X] und wickelt den Kopf der Medusa ein

2 Streitpunkt Medien – Diskutieren und argumentieren

Seite 39

1 a Mögliche Lösung:
Sie chatten. / Sie lesen E-Mails. / Sie recherchieren im Internet. / Sie schauen Videos.
b Mögliche Lösung:
Das Handy kann bei den Hausaufgaben sinnvoll sein. Man kann damit Lernvideos anschauen oder sich informieren. Außerdem kann man sich mit anderen austauschen und Material verschicken.

2 a

[B] Die Teenager haben sehr oft ihr Handy in der Hand und beschäftigen sich damit.
[A] Die Teenager bauen kein Wissen mehr auf und schauen alles im Handy nach.

Seite 40

2 a, b, c

	dafür (Chancen)	dagegen (Probleme)	Gründe (Argumente)	Beispiele
A		… digitale Medien sich negativ auswirken, …	…, weil sie die Zeit nicht gut nutzen …	… und sich fast nur Filme anschauen und Spiele spielen.
B	… Handys auch nützlich sein können, …		…, weil sie auch zum Lernen genutzt werden können.	Ich lerne beispielsweise Vokabeln auf meinem Handy.
C		… soziale Medien gefährlich sein können, …	…, denn man weiß nicht, wer hinter den Accounts und Kommentaren steckt.	Es kommt zum Beispiel oft zu Cybermobbing oder Beleidigungen.
D	… soziale Netzwerke Spaß machen, …		…, weil ich dort Leute kennen lernen kann, …	…, die zum Beispiel die gleichen Ansichten und Interessen haben wie ich.

Seite 41

3 c Mögliche Lösung:
Ich wäre wütend. / Ich wäre enttäuscht. / Das ist okay für mich. / Ich habe nichts zu verbergen.
d Unsachliche Formulierungen: **F** komplett ausrasten / **G** Es ist fürchterlich! / **H** checken, meine Bros

Seite 42

2 b Sira möchte nicht, dass → sie im Bikini im Internet zu sehen ist.
Sira möchte, dass → Carla das Bild löscht.
Carla ist der Meinung, dass → das nicht schlimm ist.

3 b Folgende Textstellen hast du markiert:
Gründe dafür: meinen Followern mein Leben zeigen
Gründe dagegen: dürfen diese Bilder auch von anderen benutzt werden

Seite 44

1 b

	dafür	dagegen
B	X	
C	X	
E		X

2 a

	Gründe dafür	Gründe dagegen	Beispiele
B	Man kann mit Handys etwas gemeinsam erleben.		Zum Beispiel kann man online gegeneinander spielen oder Songlisten teilen.
C	... denn Handys sind in vielen Situationen hilfreich.		Man kann zum Beispiel Fotos zur Erinnerung machen, den Weg suchen, schnell etwas recherchieren oder kleine Videoclips über die Fahrt erstellen.
E		... weil es mich stört, wenn alle nur auf ihr Handy schauen.	Es ist viel schöner, sich zu unterhalten, wenn wir abends im Zimmer oder am Feuer zusammensitzen.

Seite 49

1 **b** Mögliche Lösung:
Ich finde Bewertungssysteme mit Smileys sinnvoll, weil es spannend ist, und Spaß macht, von anderen Smileys zu bekommen. Ich freue mich über die Smileys.
Ich bin gegen Bewertungssysteme mit Smileys, weil es traurig machen kann, wenn man keine gute Bewertung bekommt. Man vergleicht sich dann mit anderen.

2 a [X] Der Text ist gegen das Verwenden von Bewertungssystemen mit Smileys.
b Diese Buchstaben hast du in folgender Reihenfolge von oben nach unten eingetragen:
C, D, A, B

Seite 50

1 **c, d**

Positive Wirkung	Negative Wirkung
stärkt das Selbstbewusstsein	Glücksgefühl kann abhängig machen (Suchtgefahr)
positive Wirkung im Gehirn	fühlen sich schlecht, wenn die Likes ausbleiben
fühlen sich durch Bestätigung einer Gruppe zugehörig	fühlen sich minderwertig
werden dadurch stark	

Seite 51

2 **b** Mögliche Lösung:
Mir fällt auf, dass soziale Medien für sehr viele sehr wichtig sind.
Ich hätte nicht gedacht, dass es Schülerinnen und Schüler gibt, die nichts posten.
d Insgesamt 123 Schülerinnen und Schüler aus einem 8. Jahrgang wurden gefragt, wie wichtig ihnen Likes auf sozialen Netzwerken sind. Die meisten Schülerinnen und Schüler finden Likes wichtig, das haben 48 angegeben. Es gibt auch viele Schülerinnen und Schüler, denen die Likes sehr wichtig sind, nämlich 32. Weniger wichtig finden 19 Jugendliche die Likes. Als unwichtig stufen 8 Jugendliche die Likes ein. Nur 17 Schülerinnen und Schüler gaben an, dass sie nichts posten.

3 Mein Weg in Praktikum und Beruf – Beschreiben und erklären

Seite 57

1 Mögliche Lösung:
Auf dem Bild 2 sehe ich einen Mann, der vermutlich Pflegefachmann ist.
Das erkenne ich an seiner Arbeitskleidung.

2 Mögliche Lösung:
Ich könnte mir vorstellen, dass ich in 10 Jahren als Köchin arbeite. Das passt zu mir, weil ich mich für Nahrungsmittel interessiere, gerne koche und neue Gerichte ausprobiere.

Seite 58

1 b

die Bäckerin – der Bäcker	Bild 3
die Konditorin – der Konditor	Bild 5
die Bäckereifachverkäuferin – der Bäckereifachverkäufer	Bild 8
die Praktikantin – der Praktikant	Bild 1
die Technikerin – der Techniker	Bild 2
die Verwaltungsfachkraft	Bild 6
die Kraftfahrerin – der Kraftfahrer	Bild 7

2 b Mögliche Lösung:
Auf dem Bild sind drei Personen. Als Berufsbekleidung tragen sie weiße Kleidung.
Dazu gehören eine Kochmütze, weiße Kleidung und Einweghandschuhe.

Seite 59

3 Büro → die Verwaltungsfachkraft
Werksverkauf → die Bäckereifachverkäuferin – der Bäckereifachverkäufer
Produktion → die Bäckerin – der Bäcker
Konditorei → die Konditorin – der Konditor
Versand → die Kraftfahrerin – der Kraftfahrer

4 b Mögliche Lösung:
Am Arbeitsplatz der Verwaltungsfachkraft befindet sich ein Schreibtisch mit einem Telefon und einem Computer.

5 Mögliche Lösung:
Mich würde der Beruf des Konditors interessieren, weil ich selbst gerne backe und kreativ bin.
Ich würde gerne eine Torte gestalten oder andere Gebäcke verzieren.

Seite 60

1 b

die Berufsbekleidung – die Kochjacke – die Hose – die Einweghandschuhe – die flachen Schuhe	das Haar – vollständig von einer Kochmütze bedeckt
die Farben – die farbigen Raspeln (Ränder) und Knöpfe – weiße Kleidung	die Wirkung – professionell – hygienisch – zweckmäßig

Seite 61

2 Während meines Praktikums ist Lucy für mich verantwortlich. Sie ist 28 Jahre alt und von Beruf Konditorin. Als Konditorin trägt sie Berufsbekleidung in weißer Farbe. Auf dem Kopf befindet sich eine Kochmütze. Zu ihrer Berufsbekleidung gehören Kochjacke und Hose. Während der Arbeit tragt Lucy an den Händen Einweghandschuhe. Die Schuhe sind flach.So kann sie lange stehen. Ihre Berufsbekleidung ist zweckmäßig und hygienisch. Insgesamt sieht Lucy in ihrer Berufsbekleidung professionell aus.

3 Mögliche Lösung:
Vincent ist 31 Jahre alt und von Beruf Konditor. Als Berufskleidung trägt er eine weiße Jacke und Hose. Auf dem Kopf trägt er eine Mütze. Außerdem trägt er Einweghandschuhe und flache Schuhe. Er sieht professionell aus.

Seite 62

2 Der Arbeitsplatz des Bäckers ist zweckmäßig eingerichtet. Hier wird Kleingebäck, wie zum Beispiel Zimtschnecken, fertiggestellt. Im Vordergrund sind auf der linken Seite das Waffeleisen und die Vorratsdose. Dahinter befinden sich die Backform, die Croissants und die Rohlinge aus Teig. In der Mitte befindet sich die Arbeitsfläche aus Edelstahl. Auf der Fensterbank befindet sich die Rührmaschine. Im Hintergrund sind links der Regalwagen, in der Mitte der Backofen und auf der rechten Seite der rollbare Regalwagen.

Seite 65

2 a Mögliche Lösung:
Die verschmutzten Schüsseln und Teller werden gestapelt. Die Rührhaken werden gelöst.
Der Eisportionierer wird in die Spülmaschine hineingelegt. Das Geschirr wird geordnet in die Spülmaschine sortiert.
Das Spülmaschinenpulver wird eingefüllt. Das Programm wird ausgewählt und die Spülmaschine wird eingeschaltet.

b Mögliche Lösung:
Die Arbeitsflächen werden gründlich gereinigt. Der Boden wird gefegt. Der Boden wird mit dem Bodenwischer feucht gereinigt. Alles wird wieder an seinen Platz geräumt.

3 a Nach jedem Arbeitsvorgang werden die benutzten Geräte gereinigt.

b Als Erstes werden die verschmutzten Schüsseln und Teller neben der Spülmaschine gestapelt. Danach wird das Geschirr geordnet in die Spülmaschine sortiert. Der Rührhaken wird erst von dem Mixer gelöst und dann in die Spülmaschine hineingelegt. Auch der Eisportionierer wird in die Maschine gelegt. Wenn alles mit genügend Abstand in der Spülmaschine verstaut wurde, wird als Nächstes das Spülmaschinenpulver eingefüllt. Zuletzt wird das Programm ausgewählt und die Maschine wird eingeschaltet.

Seite 67

1 b Mögliche Lösung:
Tom ist höflich und wirkt auf das Gespräch vorbereitet.
Nelli wirkt unvorbereitet und spricht eher wie mit einer Freundin.

2 b Herr Neri: Hotel Lindenburg. Sie sprechen mit Herrn Neri. Was kann ich für Sie tun?
Nelli: Hallo! Mein Name ist Nelli Michel. Ich hätte eine Frage zu einem Praktikumsplatz.
Herr Neri: Hallo Nelli. Worum geht es genau?
Nelli: Mich würde interessieren, ob ich im Herbst ein Praktikum bei Ihnen machen kann.
Herr Neri: Ich verstehe. Bleiben Sie dran, ich verbinde Sie mit Frau …
Nelli: Vielen Dank!

Seite 69

1 b 1 Lebenslauf, 2 Persönliche Daten, 3 Schulbildung,4 Besondere Kenntnisse

2 Mögliche Lösung:
Ein Lebenslauf stellt alle wichtigen Informationen über die Bewerberin / den Bewerber kurz und übersichtlich dar.

Seite 70

2 Folgende Begriffe hast du von oben nach unten eingetragen:
1 die Absenderin, 2 die Empfängerin, 3 der Ort und das Datum, 4 die Betreffzeile, 5 die Anrede, 6 der Brieftext, 7 die Grußformel, 8 die Unterschrift, 9 die beigefügten Dokumente

Seite 71

2 a Mögliche Lösung:
Zu meinen Stärken gehören Teamfähigkeit und Zuverlässigkeit.
b Mögliche Lösung:
Zu Hause trage ich Verantwortung für einige Bereiche im Haushalt. Zum Beispiel mache ich regelmäßig das Gehege der Meerschweinchen sauber. Das erledige ich sehr zuverlässig.

Seite 74

2 b Mögliche Lösung:
Um 8:30 Uhr kontrollierte ich im Ladenlokal mit Frau Clemens die Regale. Dann sortierte ich neue Ware. Dazu gehören Notizbücher, Postkarten und Kerzen. Um 9:30 Uhr packte ich im Lager Tischkarten, Tischdecken und Servietten in die Transportkisten. Anschließend brachte ich die Sachen in die Veranstaltungshalle. Danach befüllte ich mit den Azubis im Verkaufsraum Luftballons mit Helium. Um 13 Uhr hatte ich Mittagspause. Nach der Mittagspause ordnete ich mit Frau Clemens im Büro Rechnungen und heftete sie ab. Zum Schluss prüfte ich noch die Lieferscheine. Um 16 Uhr hatte ich dann Feierabend.

4 Ich rede, wie ich will!? – Situationsgerecht kommunizieren

Seite 79

1 Mögliche Lösung:
Foto A: Auf dem Foto kann man zwei Mitarbeiterinnen in einem Supermarkt erkennen, beide tragen ein hellblaues Polohemd. Eine Frau erklärt der jüngeren Frau etwas, beide Frauen schauen ernst.
Foto B: Auf diesem Foto sieht man zwei junge, glückliche Menschen in einem Supermarkt, auch hier tragen beide ein hellblaues Polohemd. Der junge Mann sagt etwas zur jungen Frau, beide haben Nudelpackungen in der Hand.

2 Mögliche Lösung:
Foto A: Gern, das mache ich.
Foto B: Okay!

3 Mögliche Lösung:
In der Schule rede ich mit meiner Lehrerin anders als mit meinen Freunden, wenn ich sie zum Beispiel nach einem Stift frage.

Seite 80

1 a Mögliche Lösung:
Der Junge könnte beschämt und aufgeregt sein. Die Frau könnte empört und ärgerlich sein.

2 In A spricht der Junge vielleicht mit einem Lehrer / einer Lehrerin.
In B spricht der Junge vermutlich mit einem Freund / einer Freundin.
In D spricht der Junge bestimmt mit einem Freund.

3 a Mögliche Lösung:
„Eh, wie viel Uhr haben wir?"
b Mögliche Lösung:
Entschuldigen Sie, können Sie mir sagen, wie viel Uhr wir haben? Vielen Dank!

Seite 81

4 a Mögliche Lösung:
Theo beschwert sich über das schwierige Überqueren der Straße, die vor seinem Haus gebaut wurde.

b

Beschwerdebrief E	Beschwerdebrief F
lockere Anrede	höfliche Anrede
lockere Verabschiedung	höfliche Verabschiedung
die Jugendsprache	die Fachsprache
unhöflich	sachlich

c Er sollte Brief F abschicken, da man dem Bürgermeister einen höflichen Brief schicken sollte.

Seite 82

1 b A: die Fachsprache C: die Chatsprache E: die Bildungssprache

2 Eingekreist hast du diese Begriffe:
vollständige Sätze / längere Sätze / Fachwörter / korrekte Grammatik

Seite 84

1 b Vielleicht könnte Herr Foltin die Mathelehrerin fragen, ob sie die Arbeit verschieben kann.
Oder er fragt einen anderen Lehrer, ob er auf die Hausaufgaben verzichtet.

3 a Ich wende mich an Sie, weil ich mich wegen der nächsten Woche sorge. Wir sollen drei Arbeiten schreiben und haben zudem noch sehr viele Hausaufgaben auf. Ich schlage vor, dass eine Arbeit verschoben wird.
Das ist eine gute Idee, da spreche ich direkt mal eure Mathelehrerin an.
b Eingekreist hast du diese Begriffe:
Sie / langsam und deutlich sprechen / Standardsprache

Seite 86

1 **b** Mögliche Lösung:
Beim Fußballspielen ist der Ball gegen den Blumenkübel geflogen, sodass dieser umgefallen und kaputtgegangen ist.

c Frau Neumann beschwert sich, weil der Brief unhöflich geschrieben ist und die beiden Jugendlichen keine Entschädigung anbieten.

2 **a, b**
Sehr geehrte Frau Neumann,
als wir vorhin auf dem Hof Fußball gespielt haben, ist unser Ball gegen den Blumenkübel gekommen. Dabei ist der Blumenkübel leider kaputtgegangen.
Es tut uns sehr leid, dass ihre Blume dabei abgeknickt ist.
Wir bieten Ihnen an, dass wir einen neuen Kübel und eine neue Blume kaufen.
Bitte sagen Sie uns Bescheid, ob dies so für Sie in Ordnung ist.
Mit freundlichem Gruß
Eddie und Leonie Herder

Seite 89

1 **a** Mögliche Lösung:
Im Comic sieht man einen Vater, der seinen spielenden Sohn fragt, ob er nicht wüsste, wie spät es ist. Der Sohn antwortet auf die Frage mit der aktuellen Uhrzeit.

b Mögliche Lösung:
Er möchte sagen, dass es schon sehr spät ist und der Sohn die Konsole ausschalten soll.
Der Sohn versteht aber nur die direkte Frage nach der Uhrzeit.

2 Mögliche Lösung:
„Werde nicht frech, du hast meine Frage genau verstanden! Mach endlich das Ding aus und geh ins Bett!"
„Wieso regst du dich jetzt so auf? Du hast mich doch nur nach der Uhrzeit gefragt?"

3 **Sachebene:** Es gibt Nudeln. / Der Schnürsenkel ist offen. / Das Zimmer ist unordentlich.
Appellebene: Binde deinen Schuh zu. / Räume dein Zimmer auf. / Koche etwas anderes.
Beziehungsebene: Ich achte auf dich und möchte nicht, dass du fällst und dir wehtust. /
Ich mag nicht, dass du ständig Nudeln kochst. / Mir ist wichtig, dass du dein Zimmer aufräumst.

Seite 91

1 **a** Mögliche Lösung:
Die Jugendlichen wirken selbstbewusst und cool.

b A Freundin oder Freund, B Tom oder Lisa, C Mitschülerin oder Mitschüler, D Nachbarin oder Nachbar, E Nachbarin oder Nachbar / Bekannte oder Bekannter

2 **a, b**

Bezeichnung	**+ / –**	**Erklärung**
feiner Kerl	+	Junge oder Mann, der gute Eigenschaften hat
alter Bengel	–	Junge, der schlechte Eigenschaften hat
echte Tussi	–	Mädchen, das stark auf ihr Aussehen achtet
junge Dame	+	Mädchen, das höflich ist

Seite 94

2 a, b

der Mainstream: im aktuellen Trend / die Teenager: die Jugendlichen /
die Provokation: die Reizung, die Aufforderung / populär: beliebt / das Engagement: der Einsatz, die Mitarbeit /
die Diskussion: die Rede, die Besprechung / effizient: praktisch, lohnend /
die Ressourcen: die Energie, das (Rohstoff-)Vorkommen /
die Prioritäten: die Anordnung nach Wichtigkeit / die Toleranz: die Akzeptanz / der Respekt: die Wertschätzung

3 Mögliche Lösung:
Wenn man ein Wort nicht versteht, kann man es mit Hilfe einer Suchmaschine im Internet suchen oder eine andere Person fragen. Manchmal kennt man auch ähnliche Wörter, sodass man sich die Wortbedeutung ableiten kann.

Seite 96

1 b indoor: drinnen, in einem Raum / outdoor: draußen, in der Natur

2

outdoor		indoor	
Sport	Weiteres	Sport	Weiteres
Reitstunden	freiwillige Feuerwehr	Breakdance	Buchclub
Fußballspiele	Geocaching	Yoga	Gitarre
Slacklining			Zeichnen
Wikingerschach			Schach

5 „Der Schimmelreiter" – Eine Novelle lesen und verstehen

Seite 99

1 Mögliche Lösung:
beängstigend, bedrohlich, geisterhaft, unheimlich

2 b Mögliche Lösung:
Es könnte ein reicher Mann sein, der verfolgt wird.

3 Mögliche Lösung:
Für die Menschen am Meer kann das Wetter gefährlich sein, wenn durch Sturm hohe Wellen entstehen und dann auch noch Nebel aufsteigt.

Seite 100

1 a Mögliche Lösung:
An der Nordsee ist das Wattenmeer mit Ebbe und Flut. Eine kleine Insel heißt an der Nordsee Hallig.
Der Deich ist direkt am Meer.

1 b und 2 Mögliche Lösung:

Der Deich ist ein Bauwerk direkt am Meer, das vor Hochwasser schützen soll.
Das Wattenmeer ist ein Küstenbereich eines Meeres. Dort gibt es Ebbe und Flut.
Ebbe ist, wenn das Wasser (der Wasserspiegel) sinkt.
Bei Flut steigt das Wasser (der Wasserspiegel) wieder an.
Die Marsch sind Landschaften, die nach der Eiszeit entstanden sind.
Die Hallig ist eine kleine Insel in der Nordsee.
Der Koog ist durch den Deich entstandenes trockenes Land.
Die Warft ist ein aus Erde aufgeschütteter Hügel, der Menschen und Tiere bei Sturmfluten schützt.
Das Siel ist ein Durchfluss im Deich, der sich durch unterschiedlichen Wasserdruck öffnet und schließt.
Der Priel ist eine Rinne im Wattenmeer.

Seite 101

3 b Mögliche Lösung:
die Arbeiten am Deich planen, die Arbeit anderer Menschen überwachen, die Arbeiten antreiben, die Menschen schützen, den Deich bauen, den Deich reparieren

c Mögliche Lösung:
Der Reiter am Deich hat die Aufgabe, die Arbeiten am Deich zu planen, die Arbeit anderer Menschen zu überwachen, die Menschen zu schützen.

d Mögliche Lösung:
dünn, groß, konzentriert, eigenwillig, fleißig, einsam, mutig, verträumt, schüchtern, unabhängig, abweisend, ehrgeizig, zielstrebig, zufrieden

Seite 103

2 a 1. Schauplatz: ein nordfriesischer Deich 2. Schauplatz: ein Wirtshaus

b Mögliche Lösung:
1. geheimnisvoll, gespenstisch, trostlos 2. gemütlich, gesellig, alltäglich

c Mögliche Lösung:
Zu Beginn der Novelle ist der Schauplatz eher gespenstisch. Es herrscht eine gruselige Atmosphäre. Doch dann wechselt der Schauplatz. Die Atmosphäre wird friedlich und gemütlich.

3 A Zeilen: 9 und 10 B Zeilen: 38 bis 40

Seite 107

1 b sympathisch – ~~unsympathisch~~, interessant – ~~uninteressant~~, ungewöhnlich – ~~gewöhnlich~~, klug – ~~dumm~~

c Ich finde den Jungen Hauke sympathisch, interessant, ungewöhnlich und klug.

2 **Die äußeren Eigenschaften, Lebensumstände:**
Alter: Junge im Schulalter
Aussehen: dünn, blond
Familie: Einzelkind, lebte bei seinem Vater
die Lebensumstände: harte, körperliche Arbeit, arbeitete in den Ferien am Deich, musste schwere Holzkarren mit Erde beladen und auf den steilen Deich schieben

Die inneren Eigenschaften:
die Interessen: Mathematik, Geometrie
die typischen Verhaltensweisen: den Euklid hatte er immer dabei, saß und las in dem Buch, sah stundenlang aufs Meer
die Eigenschaften: klug, brachte sich eine Sprache selbst bei
die Absichten und Ziele: wollte den Bau des Deiches verändern und Deichgraf werden

Seite 110

3 A Hauke mag den Großknecht Ole Peters nicht, denn er gibt Hauke die anstrengendsten und schmutzigsten Arbeiten auf dem Feld.
B Ole Peters ärgert sich über Hauke. Er denkt, dass sich Hauke für was Besseres hält.
C Deshalb hetzt Ole Peters die Dorfbewohner gegen Hauke auf.

Seite 113

1 b Mögliche Lösung:
fröhlich, traurig, bedrückt, unterhaltsam, gesellig, trostlos

2 Gläserklirren • Stimmengewirr, Lachen • Teller klappern • Ausrufe des Erstaunens

unterhalten sich gut • Menschen trinken • erfahren etwas Unerwartetes • Menschen essen

3 [X] B Wer soll der neue Deichgraf werden?

Seite 114

2 Wenn Hauke den neuen Deich bauen lässt, bedeutet das für ihn, dass er beweisen kann, dass er nicht nur Deichgraf durch seine Frau ist.
Wenn Hauke den neuen Deich bauen lässt, bedeutet das für die Sicherheit des Dorfes, dass das Dorf auch bei einer großen Sturmflut in Sicherheit wäre.

Seite 116

1 b A Hauke hat das Pferd gekauft, weil er ein einfühlsames Herz hat. (Zeilen 5 bis 6)
B Hauke ist ein mutiger Reiter. Das wird in diesem Satz deutlich: „Es flog mit ihm davon, die Warft hinab auf den Weg und dann dem Deich zu." (Zeile 19)

6 Mitten im Leben – Kurze Geschichten lesen und verstehen

Seite 125

1 a Mögliche Lösung:
Eine junge Frau ist auf dem Weg zur Arbeit. Sie rennt zum Zug.
b Mögliche Lösung:
Die junge Frau hat verschlafen, ihr Wecker hat nicht geklingelt. Sie erreicht in letzter Sekunde den Zug, reißt die Tür auf und steigt ein.

Seite 126

2 b Mögliche Lösung:
A An Collins Stelle würde ich jetzt sagen, dass ich sie liebe, damit sie nicht meinen Bruder heiratet.
B Ich frage mich, ob Gerald aus einem Grab gestiegen ist.
C (oben) Die Geschichte wird aus der Sicht von Officer Dan erzählt.
C (unten) Oh, ich hab's! Erst mit dem letzten Wort versteht man die Geschichte.
Denn er sieht ängstlich in den Rückspiegel, also wird der Polizist verfolgt.

Seite 127

3 Markiert hast du folgende Merkmale:
kurze Geschichten / drei Sätzen / überraschenden oder witzigen Schluss / Pointe

Seite 128

1 **b** Mögliche Lösung:
Mit „Eine" ist das Mädchen gemeint, dass sich anders verhielt als der Rest der Klasse.
Sie beachtete den neuen Mitschüler in der Klasse.

Seite 129

2 **a** Die Geschichte spielt in der Klasse. Der Schauplatz wirkt alltäglich.

b, c

3 A Zeile 1, B Zeilen 8 bis 9, C Zeile 26, D Zeilen 26 bis 27, E Zeile 29, F Zeile 32

Seite 135

3 C [X]

Seite 138

2 **b** Die Buchstaben hast du von oben nach unten in folgender Reihenfolge notiert:
A, E, C, E, C, C, E, D, B

Seite 139

2 1. Die Geschichte spielt auf dem Weg in die Stadt.
2. Der Schauplatz wirkt lebendig und alltäglich.

Seite 140

3 B Zeile 2, C Zeile 19, D Zeilen 20, 21, E Zeile 21, F Zeile 23, G Zeile 24, H Zeile 24, I Zeile 26

4 Die Kurzgeschichte „Knigge reloaded" ist von Torsten Löschmann. Er schrieb sie im Jahr 2020.
In der Kurzgeschichte geht es um gutes Benehmen und höfliches Verhalten.

5 **a** Die Ziffern hast du von oben nach unten in folgender Reihenfolge eingetragen:
5, 1, 2, 7, 3, 6, 4

Seite 141

5 b Zu Beginn beschreibt der Erzähler, wie Vater und Tochter zum Bus laufen. Der Vater begleitet seine Tochter in die Stadt. Dann will die Tochter bei Rot über die Ampel, aber der Vater reißt sie zurück. Die Tochter protestiert dagegen. Als die Tochter ihr Kaugummi auf den Fußweg spuckt, ärgert sich ihr Vater über ihr Verhalten. Danach fordert die Tochter Geld für die Busfahrt. Ihr Vater will, dass sie „Bitte" sagt. Nachdem sie in den Bus eingestiegen sind, setzt sich die Tochter auf den einzigen freien Platz. Anschließend steigt eine Frau mit Stock ein. Die Tochter macht ihren Platz für sie frei. Am Ende ist der Vater überrascht. Denn seine Tochter beschwert sich darüber, dass die Frau nicht mal „Danke" sagt.

6
- [X] Die Tochter verhält sich widersprüchlich. Sie selbst mag den Vater nicht bitten. Aber sie möchte von der Frau „Danke" hören.
- [X] Das Verhalten der Tochter zeigt, dass alle höflich behandelt werden möchten.

7 Hier will ich sein – Gedichte untersuchen und vergleichen

Seite 149

1 Mögliche Lösung:
Ich reise zum Strand und dort gehe ich im Meer schwimmen.
Ich fahre in die Berge, weil ich da eine Kuh streicheln kann.
Ich steige in den Zug nach Berlin und mache dort eine Stadtrundfahrt.
Ich sehe Sandburgen. / Ich sehe große Berge. / Ich sehe viele Menschen.
Ich höre Möwen kreischen. / Ich höre die Kuhglocken. / Ich höre Autos hupen.
Ich rieche den salzigen Wind. / Ich rieche die Blumen. / Ich rieche die Dönerbuden.

2 a Mögliche Lösung:
Mein Wunschort
Riecht wie ein Blumenstrauß.
Sieht aus wie im Film.
Hört sich an wie glückliche Kühe.
Fühlt sich an wie Urlaub.

Seite 150

1 b Mögliche Lösung:
Mit einem grünen Stift sind markiert: fröhlich, harmonisch, friedlich
Mit einem gelben Stift sind markiert: fröhlich, verträumt, friedlich
Mit einem blauen Stift sind markiert: traurig, chaotisch, unruhig, müde

Seite 151

3 b geraten – Braten, Gott – Kompott

c
1 Am Sonntag darf man lange schlafen.
2 Die Gassen sind so gut wie leer.
3 Zwei alte Tanten, die sich trafen,
4 bestreiten rüstig den Verkehr.
5 Sie führen wieder mal die alten
6 Gespräche, denn das hält gesund.
7 Die Fenster gähnen sanft und halten
8 sich die Gardinen vor den Mund.

Auszug aus: Kästner, Erich, Kleine Stadt am Sonntagmorgen: Doktor Erich Kästners Lyrische Hausapotheke, ungekürzte und mit der Erstausgabe von 1936 verglichene Ausgabe (Atrium Verlag, Zürich) DTV, München 1999, 14. Auflage, S. 90.

Seite 152

1 b Hinweis: Gleiche Wörter sind gleich markiert.

Memleket isterim

Memleket isterim
Gök mavi, dal yeşil, tarla sarı olsun;
Kuşların çiçeklerin diyarı olsun.

Memleket isterim
Ne başta dert, ne gönülde hasret olsun;
Kardeş kavgasına bir nihayet olsun.

Memleket isterim
Ne zengin fakir, ne sen ben farkı olsun;
Kış günü herkesin evi barkı olsun.

Memleket isterim
Yaşamak, sevmek gibi gönülden olsun;
Olursa bir şikâyet ölümden olsun.

Aus: Taranci, Cahit Sitki, Memleket isterim: Otuz Beş Yaş, 1946.

3 Was ist anders? Tal – Zweige, gelb – golden, Wortstellung, Wirkung
Was ist gleich? blau, grün, Himmel, Feld

4 a Mit blauem Himmel, die Zweige grün, die Felder golden – macht nichts
Mit blauem Himmel, die Zweige grün, die Felder golden – meinetwegen
Mit blauem Himmel, die Zweige grün, die Felder golden – So sei es!

Seite 153

5 c Mögliche Lösung:
Mir gefällt die zweite Übersetzung besser, weil dort auch „olsun“ übersetzt wurde.
Mir gefällt die erste Übersetzung besser, weil sie schöner klingt / weil am Ende nicht „meinetwegen“ steht.

6 b Durch das Wort „olsun“ wird die Aussage des Gedichts verändert und der Wunsch nach dem Land ist nicht mehr so stark. Die Wünsche für das Land scheinen nicht mehr so wichtig zu sein.

7 Mögliche Lösung:
Ich wünsche mir ein Land
Mit gesunden Bäumen und frischer Luft
Ein Ort für jedes Lebewesen.

Seite 154

2 Mögliche Lösung:
Manchmal möchte ich weg, weil ich die Stadt nicht mag. Hier ist es oft laut und dreckig.
Ich möchte nicht weg, weil ich die Stadt mag. In der Stadt kann ich meine Freunde treffen und shoppen gehen.

3 Die Sprecherin / Der Sprecher (lyrisches Ich) spricht ein lyrisches Du an.
Dieses lyrische Du könnte die Leserin / der Leser sein.

Seite 156

1 a Mögliche Lösung:
Ich glaube, dass es in dem Gedicht um ein Auto geht, das durch eine Stadt fährt.
Ich stelle mir ein teures Auto vor, das sehr schnell fährt.

2 Mögliche Lösung:
Ich bin ängstlich, aber ich fühle mich auch wütend und aggressiv.

3 Mögliche Lösung:
Ich habe erwartet, dass es um ein schnelles Auto geht, dies stimmt.
Ich dachte, dass das Auto durch eine Stadt fährt, im Gedicht fährt es aber durch eine Landschaft mit Wald.

Seite 157

4 **a** Du hast die folgenden Wörter markiert:
fressen, fliegt, reißen, bellt, stöhnt, heult, zittert, springen, beißen, schleudern, schmeißen
b negative Verben (–): fressen, reißen, bellt, stöhnt, heult, zittert, beißen, schleudern, schmeißen
positive Verben (+): fliegt, springt

5 **a** Mögliche Lösung:
Der Motor wirkt wie ein kranker Mann.
b Es ist eine Personifikation, weil der Motor ein Gegenstand ist, aber wie ein Mensch stöhnt und heult.

Seite 162

1 **c** In dem Gedicht „Kleine Stadt am Sonntagmorgen" könnte es um das Leben in einer Kleinstadt gehen.

2 **b** Du hast die folgenden Wörter eingekreist:
ruhig, lustig, bescheiden, langweilig, harmonisch, geordnet

3 [X] Leben in der Kleinstadt

Seite 163

4 **a** In dem Gedicht „Kleine Stadt am Sonntagmorgen" von Erich Kästner geht es um das Leben in der Kleinstadt.
b Die erste Strophe handelt vom Wetter und den Gerüchen.
In der zweiten Strophe geht es um leere Straßen und Gespräche.
Die dritte Strophe beschreibt die gleichen Gespräche und Geräusche.
Das Thema der vierten Strophe ist die langsam vergehende Zeit.

Die ersten drei Strophen bestehen aus jeweils vier Versen.
Das Reimschema der ersten drei Strophen ist der Kreuzreim.
Ein Beispiel für die Verwendung von sprachlichen Mitteln ist „Der Kirchturm träumt" (Vers 2).
Dies ist eine Personifikation, weil „träumen" eine menschliche Eigenschaft ist.
c Mögliche Lösung:
Das Gedicht gefällt mir, weil es lustig geschrieben ist.
Das Gedicht gefällt mir nicht, weil es schwer zu verstehen ist.

Seite 169

3 **a** Mögliche Lösung:

[...] Und er steuert ohne Fehler
über Hügel und durch Täler. |
Tante Paula wird es schlecht. |
Doch die übrige Verwandtschaft
blickt begeistert in die Landschaft. |
Und der Landschaft ist es recht. |

Um den Kopf weht eine Brise
von besonnter Luft und Wiese, |
dividiert durch viel Benzin. |
Onkel Theobald berichtet, |
was er alles sieht und sichtet. |
Doch man sieht's auch ohne ihn. |

Den Gesang nach Kräften pflegend |
und sich rhythmisch fortbewegend
strömt die Menschheit durchs Revier. |
Immer rascher jagt der Wagen. |
Und wir hören Vatern sagen: |
„Dauernd Wald, | und nirgends Bier." |

Aber schließlich hilft sein Suchen. |
Er kriegt Bier. | Wir kriegen Kuchen. |
Und das Auto ruht sich aus. |
Tante schimpft auf die Gehälter. |
Und allmählich wird es kälter. |
Und dann fahren wir nach Haus.

Kästner, Erich: Im Auto über Land. Aus: Doktor Erich Kästners Lyrische Hausapotheke, Ungekürzte und mit der Erstausgabe von 1936 verglichene Ausgabe (Atrium Verlag, Zürich), 2000. (gekürzt)

8 „Das Herz eines Boxers" – Ein modernes Drama lesen und spielen

Seite 173

1 Mögliche Lösung:
Ich sehe Abdeckfolie. Auf der Bühne sind Kartons. Ich sehe ein Malervlies, das gerade ausgelegt wird.
Auf der Bühne sind ein Tisch, eine Wand und ein Fenster.

2 b Mögliche Lösung:
Ein alter Mann sitzt in einem Sessel und ist in Abdeckfolie eingewickelt.
Ein Jugendlicher trägt ein buntes Basecap, eine blaue Jacke, eine beige Stoffhose und rot-weiße Sneakers.
Er wirft ein Malervlies hoch, um es auf den Boden zu legen.

3 a, b Mögliche Lösung:
In dem Drama „Das Herz eines Boxers" könnte es darum gehen, dass ein Jugendlicher das Zimmer eines alten Boxers streicht.

Seite 174

3 Jojo muss das Zimmer streichen, weil er Sozialstunden für eine Straftat leisten muss.

Seite 175

4 A Jojo: Jugendlicher, etwa 16 Jahre alt, sehr frech und vorlaut, muss ein Zimmer im Altenheim streichen, weil ein Mofa geklaut wurde
Leo: Mann im Altenheim, etwa 60 Jahre alt, spricht nicht mit Jojo
B in einem Zimmer im Altenheim
C wie ein Zimmer in einem Altenheim, klein und ungemütlich mit einem Sessel, einem Fenster, keine Bilder an der Wand und viele Kartons

5 [X] aggressiv [X] unfreundlich [X] unhöflich [X] frech

Seite 176

1 b Jojo wurde zu den Sozialstunden verurteilt, obwohl er das Mofa gar nicht geklaut hat.
Er hat die Tat für einen anderen auf sich genommen.

2 [X] Jojo hat eine gute Eigenschaft.
[X] Er hat Stärke gezeigt, weil er die Strafe auf sich genommen hat.

3 Das sagt Jojo über sich selbst: Trottel, wurde reingelegt
So verhält sich Jojo: flucht und redet viel, benutzt Umgangssprache
Das denkt Leo über Jojo: ehrenvoll, hat Charakter gezeigt
So könnte Jojo sich fühlen: unzufrieden, ist enttäuscht

Seite 178

2 Charakter bedeutet für Leo, wenn man für einen anderen die Strafe auf sich nimmt.

3 [X] Es ist ihm unangenehm, dass Leo erkannt hat, dass er verliebt ist und ein Mädchen beeindrucken wollte.

Seite 182

2 Folgende Textstellen hast du markiert:

Jojo: Du stehst da im Ring, alle sehen dich an, und da ist so ein Kerl, der will dir ans Leder, der will dich vernichten, er tänzelt um dich rum, und du schlägst zu, du machst ihn fertig, du bist der Sieger, das muss doch ein irres Gefühl sein. […]

Jojo: Aber wenn man so richtig zuschlagen kann, ist man doch der King. Wenn einen so ein Arsch blöd anlabert, rums, eins in die Fresse.

Leo: Ich bin immer weggelaufen.

Jojo: Aber du bist ein Boxer.

Auszug aus: Hübner, Lutz: Das Herz eines Boxers. Hartmann & Stauffacher Verlag, Köln 1996, Szene 3.

3 In folgender Reihenfolge hast du die Wörter und Wortgruppen eingetragen:
meine Vergangenheit als Boxer, andere zu schlagen, Beruf, Geld zu verdienen, friedvoller, Angst, Charakter, k. o. zu schlagen

4 So sieht Leo sich selbst: ein friedfertiger Mann
So verhält sich Leo gegenüber Jojo: er erzählt ihm unangenehme Dinge über sich, er gibt ihm Ratschläge
Das denkt Jojo über Leo: er ist ein Held

Seite 189

1 **b** Jojo ist guter Laune, weil er sich mit dem Mädchen verabredet hat.
Leo ist traurig, weil der Fluchtversuch nicht funktioniert hat und er nicht im Altenheim bleiben möchte.

2 **Mädchen:** Hallo Jojo! Warum hast du mir denn nicht gleich den ganzen Strauß gebracht?
Dann hättest du doch nicht so oft kommen müssen!
Jojo: Gute Idee! […]
Mädchen: Warum hast du denn so rote Ohren?
Jojo: Das liegt an der Höhenluft, ich wohne im Erdgeschoss.
Auszug aus: Hübner, Lutz: Das Herz eines Boxers. Hartmann & Stauffacher Verlag, Köln 1996, Szene 6.

9 Gut informiert!? – Zeitungstexte untersuchen

Seite 195

1 Mögliche Lösung:
Auf dem Foto sehe ich eine Frau im Bus / in der Bahn.
Sie liest eine Zeitung auf dem Weg zur Arbeit.
Sie informiert sich über aktuelle Themen.

2 **a** Mögliche Lösung:
Menschen lesen die Zeitung, um etwas über politische und wirtschaftliche Ereignisse zu erfahren oder auch über Sport und Kultur.

b Mögliche Lösung:
Über das Wetter informiere ich mich meist online.
Über Fußball und andere Sportarten lese ich gern in der Zeitung.
In der Werbung im Fernsehen oder im Radio werde ich über neue Filme im Kino informiert.

3 Mögliche Lösung:
Eine gute Zeitung sollte interessante und aktuelle Themen enthalten, wie zum Beispiel Neuigkeiten in meiner Umgebung.
Sie sollte übersichtlich und verständlich sein, damit ich schnell Themen finde, die mich interessieren.

Seite 196

1 a Mögliche Lösung:
Die ersten Zeitungen waren aufwendig gestaltet. Sie sahen anders aus.
Früher kaufte man Zeitungen am Kiosk.
Heutzutage liest man Zeitungen oft online auf dem Handy oder Tablet.
c Text A: Bild 3 Text B: Bild 1 Text C: Bild 2

2 Die erste wöchentlich gedruckte Zeitung erschien 1605 in Deutschland.

Seite 197

3 a, b
1 Antwort in Text B, Zeilen 5 bis 6: von verschiedenen Poststationen
2 Antwort in Text C, Zeilen 1 bis 5: seit der Industrialisierung, Zeitung konnte günstiger gedruckt werden, immer mehr Menschen konnten sich die Zeitung leisten
3 Antwort in Text A, Zeile 4: neben den Texten gibt es auch Links, Videos und vieles mehr

4 Mögliche Lösung:
Ich wusste gar nicht, dass es die Zeitung schon so lange gibt.
Ich habe nicht gewusst, wie die Zeitung zu einem Massenmedium wurde.

Seite 198

2 **die Gemeinsamkeiten:** Der Name der Zeitung ist groß und auffällig geschrieben. Die Texte werden durch Bilder unterstützt. Die Texte haben Überschriften.
die Unterschiede: Auf der Titelseite links sind mehr Bilder. Diese Seite hat mehr Farbe und meist eine größere Schrift. Durch die vielen Bilder gibt es auch weniger Text auf der linken Seite.

Seite 199

3 Du hast die Begriffe in dieser Reihenfolge von oben nach unten aufgeschrieben:
Bild-Zeitung: der Zeitungskopf, der Aufmacher, der Name der Zeitung, die Werbeanzeige, das Foto
Süddeutsche Zeitung: der Zeitungskopf, der Name der Zeitung, das Foto, die Schlagzeile, der Aufmacher, die Grafik

Seiten 203/204

1 b A [X]

2 Mögliche Lösung:
Mich hat die Reportage über Gina richtig mitfühlen lassen, weil mich Ginas Ehrgeiz und Disziplin beeindruckt haben. Ich fand sehr interessant, dass sich Gina nicht von ihrer körperlichen Beeinträchtigung hat entmutigen lassen und hart für ihre Ziele arbeitet. Sie ist ein Vorbild.

3 1 11 Schwimmerinnen und Schwimmer
2 1960 in Rom
3 alle 14 Jahre

Seite 206

1 b [X] In dem Artikel geht es um einen Roboter, der aussieht wie ein echtes Mädchen.

Seite 208

3 b Du hast die Buchstaben in folgender Reihenfolge eingetragen:
F, D, A, E, C, B

4 Mögliche Lösung:
Die Autorin Elisabeth Kagermeier führt zu Beginn des Artikels „Ist die echt?“ in das Thema ein. Sie erklärt den Leserinnen und Lesern, wer Miquela ist und was sie macht. In Absatz B erläutert sie, wer Influencer sind und was sie machen. Im nächsten Absatz nennt sie die Vorteile eines Roboter-Influencers. Dann in Absatz D geht es darum, welche Regeln in sozialen Medien für künstliche Influencer gelten. In Absatz E erfährt man, wer Miquela hat. Zum Schluss informiert die Autorin darüber, woran man erkennt, dass Miquela kein echter Mensch ist.

Seite 212

1 b Mögliche Lösung:
Der Artikel hat mich aufgewühlt, weil ich es unfair finde, wenn wir Schüler so früh zur Schule müssen.
Ich habe mich ziemlich aufgeregt, weil ich mir vorgestellt habe, wie blöd es wird, wenn Schule wirklich um 6 Uhr morgens anfängt.

2 Mögliche Lösung:
Den Artikel könnten Eltern verfasst haben, die gegen die Politiker hetzen wollen.

3 Mögliche Lösung:
Ich habe beim Lesen Wut und Ärger verspürt. Ich wurde sauer beim Lesen.

4 Mögliche Lösung:
Es gibt keine Quelle und keine Fakten und Beweise für die Aussagen in dem Artikel.
Der Text ist reißerisch formuliert, es fehlen sachliche Informationen.

Seite 215

1 b Du hast die Buchstaben in folgender Reihenfolge von oben nach unten eingetragen:
G, D, A, E, C, F, B

2 Gesundheit – Bessere Luft durch Elektro-Scooter
Umwelt – Problem Verpackungsmüll
Lokales – Neueröffnung: Der erste Jugendtreff in unserer Stadt
Kultur – Buchvorstellung
Sport – Das Fußballturnier und seine Sieger

Seite 216

1 c Mögliche Lösung:
A Jugendtreff, Skaterpark, Jumping-Halle, Kletterhalle, verschiedene Sportarten im Verein usw.
B Sportvereine, Musikvereine, Judoverein, Fußballverein, Tanzverein
C Kino, Theater, Sport, Sportveranstaltungen, Turniere, Konzerte
D Skaterpark, Stadtpark, Jugendtreff
E Fußballplatz, Skaterpark, große Wiese im Stadtpark
F auf der Seite der Vereine, Website der Stadt

2 Mögliche Lösung:
Eure beliebtesten Aktivitäten in unserer Stadt
Wir haben uns auf die Suche gemacht nach den „favourites“ in Sachen Spaß und Action. Dazu haben wir niemand anders befragt als EUCH! Dabei kam heraus, dass die meisten von euch viel Zeit im Verein verbringen.
Das ist klasse! Und um richtig entspannt chillen und quatschen zu können, eignet sich unser Stadtpark oder der Skaterpark. Wenn ihr mehr Ideen habt, dann schreibt uns gerne …

10 „Spin or God is a DJ" – Einen Kurzfilm untersuchen

Seite 223

1 Mögliche Lösung:
Auf dem Foto sehe ich einen DJ. Der DJ steht an seinem Mischpult und legt auf.

2 Mögliche Lösung:
„Zurückgedreht oder Gott ist ein DJ" macht mich neugierig.
Ich frage mich, wie der DJ die Zeit zurückdrehen kann.

3 Mögliche Lösung:
Ich glaube, in dem Film kann der DJ die Zeit zurückdrehen.
Ich vermute, dass er mit seinem Mischpult die Zeit hin- und herdrehen kann.

Seite 224

1 D Jemand prallt mit großer Wucht auf die Scheibe eines Autos. Das Glas zersplittert.
A Menschen stehen um einen verletzten Radfahrer herum.
C Ein Mann in einem Anzug fährt auf einem Fahrrad.
B Eine Mutter und ihre Tochter tragen Einkäufe.

2 B / C / D / A

3 Mögliche Lösung:
Eine Mutter kommt mit ihrer Tochter vom Einkaufen. Sie trägt zwei große Einkaufstüten.
Sie kann kaum über die Tüten sehen. Plötzlich stolpert sie und ihr fällt alles aus den Händen auf die Straße. Dabei rollt ein Ball vor die Räder eines Radfahrers. Der Radfahrer gerät ins Wanken und prallt mit einem Auto zusammen.
Er bleibt verletzt auf dem Boden liegen.
Einige Menschen kommen zu Hilfe und kümmern sich um den Verletzten.

Seite 225

4 a Bild 1 Detail Bild 2 Nah Bild 3 Halbnah
b Detail → Die Aufmerksamkeit wird auf ein wichtiges Detail gelenkt. Ein Teil ist dadurch stark vergrößert.
Nah → Man sieht die Person ca. von der Schulter an. Der Gesichtsausdruck ist gut zu erkennen.
Halbnah → Die Person wird in ihrer unmittelbaren Umgebung gezeigt. Man erkennt gut, wo sich die Person befindet.

5 Bild 1: Normalperspektive Bild 2: Froschperspektive Bild 3: Vogelperspektive

Seite 226

1 b Mögliche Lösung:
Ich finde den Film sehr emotional, weil eine kleine Änderung das Leben von mehreren Menschen verändert hat.
Der Film hat mich zum Nachdenken gebracht, weil sich die Dinge zum Positiven entwickelt haben, als die Menschen achtsamer miteinander umgegangen sind.
c Mögliche Lösung:
Der Film kommt ohne Dialoge aus, weil die Gestik und Mimik der Menschen schon die ganze Handlung erzählen. Die Geräusche und die Musik unterstützen dies noch.

2 Mögliche Lösung:
Der DJ erscheint auf der Erde, um das Leben der Menschen zu verbessern.

3 1. Szene → Fahrradunfall
2. Szene → Rollstuhlunfall
3. Szene → Chaos und Schuss
4. Szene → Heile Welt

4 Mögliche Lösung:
Der DJ lässt sich mit einem Gott vergleichen, weil er gute Taten vollbringen kann.
Der DJ lässt sich nicht mit einem Gott vergleichen, weil Gott nicht die Zeit zurückdrehen kann.

Seite 227

1 **b** Das ist rundum zufriedenstellend! Bild C
Jetzt reicht es mir aber endgültig! Bild B
Dieses Mal passiert mir kein Fehler mehr! Bild A
Ich sollte lieber schnell verschwinden! Bild D

2 Mögliche Lösung:
Ich denke, er verschwindet schnell, weil er sich sonst nicht zurückhalten kann und immer wieder ins Geschehen eingreift.

Seite 229

1 **b** Mögliche Lösung:
Bild 1: Das kleine Mädchen möchte dem Breakdancer zuschauen und muss dazu durch die sich gegenüberstehenden Männer gehen.
Bild 2: Einer der Männer hatte gerade vor, seine Waffe zu ziehen.
Bild 3: Aber im selben Moment sieht er das kleine, unschuldige Mädchen.
Bild 4: Auch die anderen Männer schauen das Mädchen an.
Bild 5: Die drei Männer schauen ruhig auf das Mädchen und scheinen vergessen zu haben, dass sie eigentlich sauer aufeinander sind.
Bild 6: Der Mann wirkt nachdenklich. Ihm wird bewusst, dass sie alle einmal Kinder und befreundet waren. Er besinnt sich und schließt Frieden mit den beiden Männern.

2

Kameraperspektive	Bild	Wirkung
Froschperspektive	1, 3, 4	So sieht man die Männer aus der Perspektive des Mädchens.
Vogelperspektive	5	So sieht man die ganze Szene.
Normalperspektive	2, 6	So sieht man genau die Waffe und das Gesicht.

Seite 230/1

3 **b** Mögliche Lösung:
Mir fällt auf, dass der Hintergrund verschwommen ist und die Bilder undeutlich sind.

4 **a** Im Vordergrund sieht man die drei Männer im Profil. Wie auf einer inneren Leinwand erscheinen hinter den Männern Bilder aus der Vergangenheit. Diese Bilder sind undeutlich und verschwommen.
b Ein Mindscreen stellt sozusagen die Gedanken einer Person auf einer Leinwand dar.

Seite 230/2

4 **c** In dem Mindscreen sieht der DJ die Erinnerungen der Männer an ihre Kindheit. Dadurch wird dem DJ klar, dass auch diese drei Gangster einmal Kinder waren. Das heißt, auch diese hart wirkenden Männer sind in Wirklichkeit gute Menschen und wollen friedlich zusammenleben.

5 Mögliche Lösung:
a Die Musik passt zur Stimmung und ist eher dramatisch.
b Die Musik ist hoffnungsvoll.

6 Mögliche Lösung:
Geräusche und Musik spielen in dem Film eine große Rolle, weil nicht gesprochen wird.
Durch Musik und Geräusche wird die Handlung unterstützt, weil dadurch beim Zuschauer Gefühle erzeugt werden.

11 Ungewöhnliche Hobbys, starke Rekorde – Grammatiktraining

Seite 235

1 Auf Bild A sieht man viele kleine, bunte Briefmarken.
Auf Bild B sieht man viele schöne Steine.
Auf Bild C sieht man viele alte, kleine Roboter.
Auf Bild D sieht man viele Fußballerbilder.

2 Mögliche Lösung:
Ich würde mir gern die Robotersammlung ansehen, weil ich sie witzig und interessant finde.

3 Mögliche Lösung:
Münzen: Ich habe viele Alben, in denen ich sie aufbewahre. Manche Münzen sind richtig alt.
Andere Münzen sind noch neu.
Dinosaurierfiguren: Ich habe ganz kleine und richtig große. Manche können sich bewegen. Sie stehen alle bei mir im Regal. Zum Geburtstag und zu Weihnachten wünsche ich mir immer neue. Ein paar habe ich mir auch selbst gekauft.

Seite 236

1 a Mögliche Lösung:
Ich spiele am liebsten PC-Spiele. Da vergesse ich oft, wie spät es ist. Und ich bin im Fußballverein.
Das macht viel Spaß.
Ich reite gerne und habe ein Lieblingspferd. Das striegle ich oft und füttere es.
c [E] Geocaching, [D] Urban Knitting, [A] Brickfilming, [C] Life Action Role Play, [B] Brechtüten sammeln

2 **das Verb:** sind, werden gedreht, sagen, sei, müsse verstehen, würde kämpfen, wäre, bräuchte, bestricken, habe gelernt
der Artikel: die, das
das Nomen: Hobby, Plastikfiguren, Stars, Figuren, Filme, Freunde, Leidenschaft, Brechtüten, Wochenende, Orks, Kostüme, Freizeit, Freunde, Bäume, Straßenschilder, Fahrradständer, Stadt, Stricken, Jahren
das Adjektiv: kleine, witzige, verrückt, unbesiegbar
die Präposition: bei, für, gegen, in, vor
das Personalpronomen: ich, wir
das Possessivpronomen: meinem, meine, unserer

Seite 237

3 Live Action Role Play → Live-Action-Rollenspiel
Geocaching → GPS-Schnitzeljagd
Brickfilming → Filme mit Bausteinfiguren
Urban Knitting → städtisches Stricken

4 A Bei meinem Hobby sind kleine Plastikfiguren die Stars. Mit diesen Figuren werden witzige Filme gedreht.
B Meine Freunde sagen, ich sei verrückt. Die Leidenschaft für Brechtüten müsse man nicht verstehen.
C Am liebsten würde ich jedes Wochenende gegen Orks kämpfen. Ich wäre unbesiegbar! Aber ich bräuchte mehr Kostüme.
D In unserer Freizeit bestricken wir, meine Freunde und ich, Bäume, Straßenschilder und Fahrradständer in unserer Stadt. Ich habe das Stricken vor drei Jahren gelernt.
E An freien Tagen will ich Schätze suchen. Die kann man an vielen Orten in der Stadt finden.
F Menschen haben schon immer Dinge gesammelt. Heute sammeln viele Leute Programmhefte und Eintrittskarten, damit sie die schönen Erlebnisse nicht vergessen. Andere tragen Dinge zusammen, die sie schön finden. Sie tauschen sich oft gerne mit Gleichgesinnten aus. Diese Kontakte machen das Sammeln auch reizvoll.

Seite 238

1 b Mögliche Lösung:
Ich war verwundert und habe mich gefragt, was das soll. Es sieht ja originell und fröhlich aus, aber auch etwas merkwürdig.

2 Plusquamperfekt: Zeile 4: ich … gelernt hatte
Präteritum: Zeile 7: fanden
Perfekt: Zeilen 6 bis 7: wir haben … verschönert
Präsens: Zeile 11: ist
Futur I: Alle werden staunen

Seite 240

2 a Zuerst muss man einen interessanten Ort finden. → Zuerst findet man einen interessanten Ort.
Der Ort soll eine besondere Geschichte haben. → Der Ort hat eine besondere Geschichte.
Natürlich darf man den Cache nicht an gefährlichen Orten ablegen. → Natürlich legt man den Cache nicht an gefährlichen Orten ab.
Diesen Sommer will ich meinen 1000. Cache finden! → Diesen Sommer finde ich meinen 1000. Cache!

b kann, muss, kann, muss, muss, soll, darf, könnt, müsst, will
Ich suche jedes Wochenende Schätze! Die kann man überall finden: hinter Briefkästen, in Mauerlöchern, unter Parkbänken und Brücken und auf Bäumen. Man muss dafür nur eine App runterladen. Dann kann die Suche nach den „Caches" beginnen. Ich habe auch schon zwei versteckt. Das ist ganz einfach! Zuerst muss man einen interessanten Ort finden. Dann muss man dort eine Dose mit einem Logbuch verstecken und die Koordinaten des Ortes im Internet hochladen. Der Ort soll eine besondere Geschichte haben. Natürlich darf man den Cache nicht an gefährlichen Orten ablegen. Auch auf einem Privatgelände geht es nicht. Ihr könnt beim Geocaching geheimnisvolle Orte in eurer Nähe entdecken. Dafür müsst ihr überhaupt kein Geld ausgeben. Diesen Sommer will ich meinen 1000. Cache finden!

Seite 241

3 Mögliche Lösung:
Ich würde Geocaching gerne mal ausprobieren, weil es sich spannend anhört und cool ist.

4 a sollen → empfohlen werden
dürfen → die Erlaubnis haben
müssen → die Pflicht haben
können → die Fähigkeit haben, die Möglichkeit haben
wollen → die Absicht, den Wunsch / die Bereitschaft haben

Seite 242

2 Der rote Satz steht im Aktiv. Der grüne Satz steht im Passiv.

3 Dann werden sie fotografiert. Anschließend werden sie ein kleines Stück weiterbewegt.
Danach werden sie wieder fotografiert. Dafür müssen eigentlich 24 Bilder pro Sekunde gezeigt werden.
So ein Film kann fast überall gedreht werden.

4 Ich mache das an meinem Schreibtisch und nutze ein einfaches Computerprogramm.
Die Filme lade ich dann auf meiner Webseite hoch. Ich habe schon 57 Follower!

5 Markiert sind die Verben im Aktiv, unterstrichen sind die Verben im Passiv:

Er dreht den Film.	Der Film wird gedreht.
Er drehte den Film.	Der Film wurde gedreht.
Er hat den Film gedreht.	Der Film ist gedreht worden.
Er hatte den Film gedreht.	Der Film war gedreht worden.

Seite 246

1 **b** Trätest du lieber als Hexe oder als Druide auf?
Würdest du lieber als Hexe oder als Druide auftreten?
Nach dieser Entscheidung ständest du vor der nächsten Frage.
Nach dieser Entscheidung würdest du vor der nächsten Frage stehen.
Wärest du lieber eine kämpferische oder eine friedfertige Figur?
Würdest du lieber eine kämpferische oder eine friedfertige Figur sein?
Was wären deine Stärken?
Was würden deine Stärken sein?
Welche Schwächen hättest du in dieser Rolle?
Welche Schwächen würdest du in dieser Rolle haben?

Seite 248

2 **a** Mögliche Lösung:
Die Verbformen zeigen, dass jemand anders das gesagt hat. Es handelt sich um indirekte Rede.
b Satz B [X]

Seite 249

3 **a, b** Der Redebegleitsatz ist markiert. Die indirekte Rede ist unterstrichen:
Anfangs gab es auf den Tüten nur die Anweisung, sie solle nach Gebrauch im Flugzeug bleiben.
Der Niederländer gibt dort an, er habe diese Leidenschaft schon seit über 40 Jahren.
Thorsten Schmelzers meint, die Sammelbegeisterung beginne oft zufällig.
Er erklärt, viele Passagiere steckten eine solche Tüte zuerst nur als Andenken ein.
c Der Niederländer gibt dort an: „Ich habe diese Leidenschaft schon seit über 40 Jahren."
Thorsten Schmelzers meint: „Die Sammelbegeisterung beginnt oft zufällig."
Er erklärt: „Viele Passagiere stecken eine solche Tüte zuerst nur als Andenken ein."

4 **a, b, c**

Infinitiv (Grundform)	**Konjunktiv I** (indirekte Rede)	**Präsens** (direkte Rede)
sollen	sie solle	sie soll
haben	er habe	er hat
beginnen	sie beginne	sie beginnt
stecken	sie steckten	sie stecken

Seite 254

1 **b** Mögliche Lösung:

Ich finde diesen Rekord lustig, denn es ist eine verrückte, spaßige Idee.

2 **a** B Einen Weltrekord ermöglichten die beiden Bayern mit ihrem Team.

Die beiden Bayern ermöglichten mit ihrem Team einen Weltrekord.

C Sie produzierten am 9. Juli 2017 den schwersten Burger der Welt.

Den schwersten Burger der Welt produzierten sie am 9. Juli 2017.

b [X] an 2. Stelle

Seite 255

3 **b, d** Die Prädikate sind markiert. Die Subjekte in den Sätzen E und F sind unterstrichen:

E Dreihundert Menschen bereiteten den Burger an zwei Tagen zu.

F Ein Autokran hob die Fleisch-Pattys auf die untere Brötchenhälfte.

G Das gebratene Fleisch wurde mit Tomaten, Gurken und Käse belegt.

H Mit seinen 1162,4 Kilogramm übertraf der Burger alle bisherigen Rekorde.

I Am Ende wurde der Burger restlos aufgegessen.

c E Wer oder was bereitete den Burger an zwei Tagen zu? Antwort: Dreihundert Menschen

F Wer oder was hob die Fleisch-Pattys auf die untere Brötchenhälfte? Antwort: Ein Autokran

Seite 256

1 **b, c** Die Konjunktionen (Bindewörter), die Hauptsätze verbinden, sind markiert.

Die Konjunktionen (Bindewörter), die Hauptsatz und Nebensatz verbinden, sind [umrahmt].

Die Prädikate sind unterstrichen.

A Tausende waren begeistert, [als] das Strick-Talent Sylvie Rasch zu einem Rekordversuch als „Zeichen für Liebe und Wärme“ aufrief.

B Die Unterstützerinnen und Unterstützer des Rekords strickten Mützen, denn es sollte eine Mützenskulptur entstehen.

C In einer großen Halle wurde ein vier Meter hohes Gestell aufgebaut, [damit] man aus 3.449 Einzelmützen eine riesige Mütze formen konnte.

D Am 16. März 2019 wurde der Mützen-Weltrekord auf einer Messe in Dortmund verkündet, doch schon wenige Tage später wurde das Kunstwerk wieder abgebaut.

E Der gute Zweck der Aktion bestand darin, [dass] man die Mützen verteilte.

2 Die Mützen verteilte man an Obdachlose, damit sie sich gegen Kälte schützen können.

Seite 258

1 **b** [X] B

2 **b** Der Japaner brauchte nur 7 Sekunden zum Falten und Werfen seines Papierflugzeuges.

3 **a, b**

D Für den Wettbewerb, der die Schnelligkeit beim Falten und Werfen testete, gab es strenge Vorgaben.

E Es wurden nur Papierflieger zugelassen, die siebenmal gefaltet waren.

F Nur die Flieger wurden anerkannt, die eine scharfe Spitze aufwiesen und mindestens zwei Meter weit flogen.

G Nur sieben Sekunden betrug die Zeit, die der Japaner für das Falten und Werfen eines solchen Papierflugzeugs benötigte.

4 Ein Papierflieger ist ein Flugobjekt, das aus einem Blatt Papier gefaltet wird.

Seite 259

5 E Es wurden nur Papierflieger zugelassen, die siebenmal gefaltet waren.
F Nur die Flieger wurden anerkannt, die eine scharfe Spitze aufwiesen.
Der Relativsatz heißt: die eine scharfe Spitze aufwiesen.
Frage: Was wies eine scharfe Spitze auf? Antwort: die Flieger

6 b, c
A 29,2 Sekunden lang blieb der Papierflieger in der Luft, der/welcher von dem Japaner Takua Toda entwickelt worden war.
B Am 19. Dezember 2010 fand bei einem Wettbewerb ein Flug statt, der/welcher bisher der längste Papierflug der Welt war.
C 2009 wurde von Takua Toda bereits ein Rekord aufgestellt, der/welcher nur 1,3 Sekunden kürzer war.

Seite 260

1 b [X] A

2 b, c
C Lorenz und Till planten möglichst viele U-Bahnhöfe in Frankfurt zu erreichen, weil sie einen neuen Weltrekord aufstellen wollten.
D Sie schafften den Rekord, indem sie alle 86 U-Bahnhöfe in drei Stunden, 21 Minuten und 15 Sekunden erreichten.
E Die beiden Ingenieure hatten ein Computerprogramm entwickelt, damit sie die schnellste Route berechnen konnten.
F Als sie am letzten Bahnhof ankamen, wurde die Zeit gestoppt.

d C Warum planten Lorenz und Till eine U-Bahn-Challenge in Frankfurt?
D Wie schafften sie den Rekord?
E Wozu hatten die beiden Ingenieure ein Computerprogramm entwickelt?
F Wann wurde die Zeit gestoppt?

e C Weil sie einen Rekord aufstellen wollten.
D Indem sie alle 86 Bahnhöfe in drei Stunden, 21 Minuten und 15 Sekunden erreichten.
E Damit sie die schnellste Route berechnen konnten.
F Als sie am letzten Bahnhof ankamen.

Seite 261

1 a A Der Rekordhalter Grisamore ist in seiner Heimatstadt seit vielen Jahren bekannt, weil seine Haare auffällig lang sind.
B Joseph kann man von Weitem sehen, da er mit seiner Irokesenfrisur unterwegs ist.
C In einer Menschenmenge entdeckt man ihn sofort, weil er mit 2,94 Metern alle überragt.
b
D Er benötigt wenig Zeit für die Haarpflege, obwohl seine Haare ungewöhnlich lang sind.
E Joseph hat Spaß, wenn Menschen auf seine Haarpracht verblüfft reagieren.
F Er liebt den Irokesenschnitt, da nur wenige Menschen diese Frisur haben.

Seite 262

1 b

Der Satz B besteht aus Haupt- und Nebensatz und hat ein Komma.
Der Satz A ist kurz. Der Satz B enthält mehr Informationen.

3 D Wer oder was ist beeindruckend?
Dass der Finne vom 11. bis zum 13. Juni 2018 genau 40 Stunden, 3 Minuten und 10 Sekunden lang Akkordeon spielte. (= Subjekt)
E Wen oder was kann man sich vorstellen?
Dass er den Weltrekord für das längste Akkordeonspiel erzielte. (= Objekt)
F Wer oder was konnte finnische und internationale Hits erkennen?
Wer dem Akkordeonspieler bei seinem Rekordversuch zugehört hat. (= Subjekt)

12 Rechtschreibung – Sicher in Strategien und Regeln

Seite 271

1 Großschreibung, da Nomen, Artikel steht davor

2 **Satz 1** Großschreibung, da Nomen mit Artikel
Satz 2 Kleinschreibung, da Adjektiv

Seite 272

1 **b** krab beln, die A mei sen, sam meln, tra gen, die Blät ter, wim meln, die Pil ze

2 Verb: webt – (wir) weben, Nomen: Wald – die Wälder, Adjektiv: klug – klüger

Seite 273

3 leblos → leben, leblos; die Landschaft → die Länder, die Landschaft; die Flugbahn → die Flüge, die Flugbahn

4 die Zähne – der Zahn, die Plätze – der Platz, die Mäuse – die Maus, gelb – (kein verwandtes Wort), die Schwärme – der Schwarm, das Gewässer – das Wasser

Seite 274

1 **b** der Win ter, tra gen, die Kam mer, ren nen, die We ge, wen den, ho len

2 **a** der Win ter • die Kam mer • die Wol ke • ren nen • wen den • krab beln

b

zwei verschiedene Konsonanten	Doppelkonsonanten
die Wol ke	re**n n**en
wen den	kra**b b**eln

3 aller, Welt, Flusslandschaften, schnell, schafft, Kammern, Tonnen, Erde

Seite 275

2 **a** Sieben, h**i**nten, viele, b**i**llig, die Briefe, diese, die Biene, **i**mmer, der W**i**nter, b**i**nden, tiefe, der F**i**nger, der Sieger, die K**i**nder, wieder, best**i**mmt, die B**i**tte, niemals, der **I**rrtum, die Liebe, die Diebe
b **Wörter mit i:** hinten, billig, immer, der Winter, binden, der Finger, die Kinder, bestimmt, die Bitte, der Irrtum
Wörter mit ie: sieben, viele, die Briefe, diese, die Biene, tiefe, der Sieger, wieder, niemals, die Liebe, die Diebe

3 **a, b** Wörter mit ie: Wie sen, die sen, Vie le
Wörter mit i: gif tigs ten, Pil ze, Bis sen

Seite 276

1 b Wörter mit s: das Gras – die Gräser, er liest – wir lesen, das Glas – die Gläser, sie reist – wir reisen
Wörter mit ß: groß – größer, der Fuß – die Füße, der Spaß – die Späße
Wörter mit ss: es passt - wir passen, der Kuss – die Küsse, der Riss – die Risse

2 Wissenschaftler, bewiesen, diese, riesigen, weißen, stößt, frisst, schließlich, Gras, lassen

Seite 277

1 b Das h ist nicht zu hören.
c Das h ist zu hören.
d

h ist hörbar	h ist nicht hörbar
hohe, Daher, Dahin, ziehen	sehr, ihm, Nahrung, Höhlen

2 b wahr, die Wahrheit, bewahrheiten, unwahrscheinlich, die Sinneswahrnehmung

3 a, b das Jahr, abnehmen, jährlich, vernehmen, die Vernehmung, das Benehmen,
das Jahrhundert, das Geburtsjahr, volljährig, die Jahreszeiten, nehmen

Seite 278

1 b Artikel, Adjektiv, Präposition, Mengenangabe:
Der wilde Tabak bringt die Wissenschaft zum **Staunen**.
Er verfügt über etwas **Ungewöhnliches** – über Intelligenz.
Das ist unter Pflanzen nicht unbedingt das **Typische**.
Offenbar beherrschen die Samen des Tabaks das **Riechen**.
Sie keimen nach langem **Warten**, sobald sie den Geruch von verbranntem Holz wahrnehmen.
Sie beginnen also mit dem **Wachsen**, nachdem das Feuer Konkurrenten und Feinde ausgelöscht hat.
c zum Staunen, etwas Ungewöhnliches, das Typische, das Riechen, langem Warten, dem Wachsen

2 a, b
1 Die Wissenschaft hat noch **mehr** Unglaubliches (D) beobachtet.
2 **Das** Erstaunlichste (A) ist: Der wilde Tabak kann über 140 verschiedene Stoffe erzeugen, auch das giftige Nikotin.
3 Die Pflanze versteht es **aufs** Beste (C), diese Stoffe perfekt einzusetzen.
4 Sie kann die Stoffe **zum** Anlocken (C) willkommener Bestäuber einsetzen, aber auch **zum** Abwehren (C) von Fressfeinden.
5 Der wilde Tabak erkennt **am** Kauen (C), um welchen Feind es sich handelt.
6 Sofort beginnt **das** Verströmen (A) eines Stoffes **zum** Abwehren (C).

Seite 279

1 b australische Termiten

2 a, b Bezeichnung auf -er: Pariser Eiffelturm / Paris, New Yorker Freiheitsstatue / New York
Bezeichnung auf -isch: ägyptische Pyramiden / Ägypten, kanadische Biber / Kanada,
australische Termiten / Australien

3 Schweizer Käse, belgische Waffeln, Lübecker Marzipan, bayerische Brezel, Hamburger Hafen, italienisches Eis,
spanische Tomaten, Brandenburger Tor, italienische Pizza

Seite 280

1 b

zusammengesetzte Nomen	zusammengesetzte Adjektive
die Kugelspinnen	riesengroße
der Beutefang	tellergroße
der Netzbau	hauchdünne
das Beuteopfer	blitzschnell
die Spinnenseide	schnurgerade

2 blutrot, himmelblau, tiefschwarz, kreideweiß, moosgrün, mausgrau, dunkelbraun, strohgelb

Seite 281

1 b **Nomen und Verb:** die Flucht ergreifen, Interesse wecken
Verb und Verb: sitzen bleiben, kennen lernen
Adjektiv und Verb: perfekt angepasst, richtig verhalten, scharf sehen, fein riechen, gut hören, kraftvoll abspringen

2 a, c Mögliche Lösung:
sitzen lassen, stehen bleiben, schreiben lernen
b, d Mögliche Lösung:
schnell sprechen, laut werden, schön sein

Seite 282

1 a die Faszination → die fesselnde Wirkung
die Attraktion → die sehenswerte Besonderheit
definitiv → auf jeden Fall
attackiert → greift an
die Situation → die Lage
imitiert → ahmt nach
demonstriert → führt vor
die Vibrationen → die Erschütterungen
die Experten → die Fachleute

b Für viele Menschen sind Spinnen eine Attraktion (sehenswerte Besonderheit).
Als besonders intelligent gilt definitiv (auf jeden Fall) die Portia-Springspinne.
Sie attackiert (greift) auf Nahrungssuche ausschließlich andere Spinnen (an).
Ihre Attacken passt sie an ihre Beute an und an die Situation (Lage). Mal imitiert (ahmt) sie die Bewegungen eines Insekts (nach), das sich im Netz verfangen hat. Mal demonstriert (führt) sie den Paarungstanz einer anderen Spinnenart (vor), um diese Beute anzulocken. Wenn das nicht clever ist! Spinnen sind auch wahre Experten (Fachleute), wenn es um Vibrationen (Erschütterungen) geht.

Seite 285

1 b, c

1 Quallen sind durchsichtige, glibberige, unangenehme oder giftige Meeresbewohner, so denken manche Frauen, Männer und Kinder.
2 Andere Menschen sind von Quallen fasziniert, sie bewundern ihre Schönheit, Farben, Muster und Formen.
3 Bestimmte Quallenarten können bei Menschen Beschwerden, Ausschlag oder Lähmungen hervorrufen.

2 b Quallen sind wahre Überlebenskünstler. Sie können nicht nur ihr Körpergewicht um 99 Prozent verringern, sondern sie verspeisen im Notfall sogar ihre eigenen Geschlechtsorgane. Sogar im sauerstoffarmen Wasser können sie überleben, aber das ist noch nicht alles. Eine bestimmte Qualle im Mittelmeer ist fast unsterblich. Auch ihre Zellen altern, jedoch verjüngt sie sich dann wieder. Dafür sinkt sie zu Boden, doch das geschieht nicht aus Schwäche. Dort führt sie ihre Zellen in das Ausgangsstadium zurück. So kann diese Qualle ewig leben, jedoch darf sie vorher nicht an Land gespült oder gefressen werden.

Seite 286/1

1 b, c

1 Manche Tiere können ihr Aussehen so verändern, dass sie wie ein anderes Tier oder eine Pflanze aussehen.
2 In der Biologie spricht man von „Mimikry", wenn Tiere sich so verhalten.
3 Manche Tiere ahmen andere nach, weil sie so ihre Beute anlocken können.
4 Einige Tiere setzen solche Täuschungen ein, damit sie vor ihren Fressfeinden geschützt sind.

2 b weil, dass, wenn, damit, wenn, da

c, d Der Mimik-Oktopus ist ein wahrer Meister der Tarnung, weil er als einziges Tier mehrere Lebewesen nachahmen kann. Es ist einzigartig, dass er das Aussehen von fünfzehn anderen Meeresbewohner annehmen kann. Er ahmt verschiedenste Meeresbewohner wie zum Beispiel Seeschlangen nach, wenn er sich bedroht fühlt. Der Tintenfisch versteckt sich in einer Höhle und lässt nur zwei ausgebreitete Arme herausgucken, damit er wie eine Seeschlange aussieht. Der Tintenfisch ändert seine Farbe und lässt seine Arme wie die Stacheln eines Feuerfisches aussehen, wenn er den Feuerfisch nachahmt. Seine Fähigkeit ist einzigartig, da er sich in Form, Farbe und Verhalten an das gewählte Vorbild anpasst.

Seite 286/2

3 a A → 4, B → 3, C → 2, D → 1, E → 6, F → 5

b Der Mimik-Oktopus ist ein wahrer Meister der Tarnung, weil er als einziges Tier mehrere Lebewesen nachahmen kann. Es ist einzigartig, dass er das Aussehen von 15 anderen Meeresbewohnern annehmen kann. Er ahmt verschiedenste Meeresbewohner wie zum Beispiel Seeschlangen nach, wenn er sich bedroht fühlt. Der Tintenfisch versteckt sich in einer Höhle und lässt nur zwei ausgebreitete Arme herausgucken, damit er wie eine Seeschlange aussieht. Der Tintenfisch ändert seine Farbe und lässt seine Arme wie die Stacheln eines Feuerfisches aussehen, wenn er den Feuerfisch nachahmt. Seine Fähigkeit ist einzigartig, da er sich in Form, Farbe und Verhalten an das gewählte Vorbild anpasst.

Seite 287

2 b, c

1 Das Foto zeigt einen Schwarm, der eine tornadoförmige Gestalt angenommen hat.
2 Während des Fluges verändern die Vögel ständig die Form des Schwarms, der dadurch aus der Ferne wie eine bewegliche Masse aussieht.
3 Dies ist ein Tanz der Starenschwärme, der jedes Jahr an vielen Stellen auf der Welt zu beobachten ist.

3 b, c

A Die Stare fliegen mühelos in der Gruppe, die/welche laufend die Form oder die Richtung ändert.
B Die Schwärme ziehen zum Winter in den Mittelmeerraum, der/welcher viel wärmer als Deutschland ist.
C Sehr sehenswert sind die Starentänze, die/welche jedes Jahr beobachtet werden.
D Es gibt schöne Fotos von den Formen, die/welche Starenschwärme auf der ganzen Welt bilden können.